# Encontrando el Afikoman

## Encontrando a Jesús en las Festividades de Primavera

*Cuando hallé al que ama mi alma;*
*Lo agarré y no quise soltarlo,*

*Cantares 3:4*

Por: Christie Eisner

Ruth's Road

**Info@ruthsroad.org**

Las citas bíblicas fueron tomadas de la versión Nueva Biblia de las Américas a menos que sea especificado de otra manera. Todas las escrituras citadas están diferenciadas en una letra en negrita del resto del texto; todo énfasis añadido es mío. Copyright 1979, 1980, 1982 Thomas Nelson, Inc. Publisher.

Traducción Versión Español /editado por: Muraina Rivera; María V. Delgado

Editado (versión inglés) por: Jessica Bouzianis

Diseño de la Cubierta del Libro: RaDean Mynatt

Logo de la Senda de Rut (*Ruth's Road*): Abigail Eisner

ISBN-13:978-1-7337584-1-3 (Ruth's Road)

# ~ Dedicación ~

*Dedicado a nuestros hijos Ben, Emmy y Sarah a quienes amo y valoro con todo mi corazón.*

*También a nuestras cuatro nietas hermosas, Elizabeth, Abigail, Emma y la pequeña June…Mi deleite, mis tesoros…Escribo las "palabras de esta vida" y oro para que ustedes encuentren a Jesús, la Perla Costosa y que lo amen con todo el corazón…y que algún día, este libro les ayude a amarlo más a Él.*

# ~ En Memoria de Omi ~

Esta jornada nunca hubiera comenzado sin mi suegra Hildegard Eisner, conocida en nuestra familia como "Omi." Ella era una mujer llena de energía de 4'6" que me enseñó lo suficiente de la vida como si fuera un libro mismo para escribirlo en letras. Ella y su esposo Bernard fueron judíos sobrevivientes del holocausto. Escaparon de Alemania en 1939 y hallaron refugio por 9 años en Shanghái, China. Después de perder su tierra alemana, familia y amigos en manos de los nazis bajo Adolfo Hitler, Bernard y ella vinieron a los Estados Unidos en 1949. Tenían $15 en sus bolsillos, una hija de 4 años, y estaba embarazada de mi esposo, John. Ella fue una sobreviviente en toda forma, y un ejemplo de cómo debe vivirse la vida en su plenitud rehusándose a ser víctima del pasado.

Ella amó a sus hijos y nietos, y su lenguaje del amor era la comida. "¡Come, come, parece que tienes hambre!" ella decía cuando entrabas en su casa. ¡Y tuvieras hambre o no, tenías que comer! ¡Siempre había sopa de pollo burbujeando en su estufa e iba de aquí para allá asegurándose de que todo en su nevera fuera ofrecido al menos 10 veces! Estaría orgullosa de saber que me aconsejó muy bien. Nuestros hijos, cuando visitan, siempre comentan, "¡Tu refrigerador se parece a la de Omi!"

Siendo una gentil, no fui la nuera que ella hubiera elegido para su hijo inicialmente, y cuando él y yo nos volvimos cristianos en 1975 nuestra relación fue difícil por un tiempo. Sin embargo, con el tiempo, el amor triunfó, como hace a menudo. Nos volvimos buenas amigas entre Omi rehusándose a vivir en amargura y mi persistencia por ser amada y aceptada por ella. Una de mis emociones favoritas cuando visitaba su casa era su emoción cuando yo entraba por su dintel. "¡Mi Christie!" decía con una voz emocionada cuando venía a recibirme. Un simple gesto siempre sanaba algo en mi alma porque sabía que ella estaba realmente feliz de verme.

Ella nunca sabrá el valor ni la riqueza que ella añadió en mi vida. No estoy segura de poder poner en palabras cada una de esas cosas; pero estoy consciente de que al haberla conocido me hizo una mejor persona. Hay un concepto judío llamado *tikun olam* que es parte de la mentalidad judía. Significa "reparar el mundo," vivir tu vida haciendo del mundo un mejor lugar que como lo encontraste. En cuanto a mí, soy una mejor persona por haber sido parte de la vida de Omi. Ella fue una legenda que continúa viviendo en todos nosotros quienes tuvimos el privilegio suficiente de conocerla.

# ~ En Honor a Tim Ruthven

~

John y yo conocimos a Tim Ruthven, nuestro padre espiritual, en 1982. Tim era un misionero en Estados Unidos proveniente de Nueva Zelandia y fue enviado por Dios para fortalecer los corazones de cristianos en una diaria relación íntima con Dios en Su Palabra. Las series de las enseñanzas de Tim, llamadas "Si yo lo conociera," era una enseñanza de 4 partes acerca de los encuentros personales de Tim con Jesús, y su enseñanza, me causó hambre por tener una relación como tal para mí. Le pregunté a Tim qué podría hacer para conocerlo como él lo conoció, y él respondió, "Consigue una alarma de reloj." Él dijo que el camino a la intimidad era fijar una alarma cada mañana y comenzar tu día con un plan de lectura, leyendo la Biblia cada año. Él dijo, "De esa manera, si Dios tiene algo que decirme, sabrá donde encontrarme." ¡Al principio, sonó un poco religioso y legalista para mí, pero el fruto en la vida de Tim, las aventuras y encuentros que tuvo con Dios por muchos años, iba más allá de lo religioso! Treinta y tres años más tarde, me alegro de haberle escuchado y honestamente puedo decir que el resultado son cajas llenas de diarios con historias personales con Jesús. Cuando Tim murió en el 2006, perdimos a un amigo, un padre en la fe y un amigo fiel de Dios. Estoy muy agradecida por todo lo que nos enseñó, no solo con palabras sino en la manera en la que él vivió su vida.

Mi enseñanza favorita de Tim fue la del libro de Rut. En su denso acento de Nueva Zelandia, Tim enseñaba acerca de cómo la "pequeña Rut," una joven moabita, siguió a su suegra a Belén de Judá. Belén de Judá, quiere decir "casa de pan" y "casa de adoración," y fue dónde Rut contrajo matrimonio con Booz, su esposo judío y redentor del linaje. Me agradaba cómo Tim desenvolvió la historia de amor que yacía en la historia de Rut y cómo la relacionaba con ser una premonición de una joven gentil uniéndose a un esposo judío quién trajo redención, y el futuro Mesías. Siempre pensé que, si pudiera cambiar mi nombre, tomaría el nombre de Rut por la manera en que amé esta historia.

Una noche, en el proceso de escribir este libro, sentí al Señor llamarme "pequeña Rut," ¡y en ese momento pude comprenderlo! ¡Es *mi* historia! ¡Así como Rut, contraje matrimonio con un judío, John, y su madre se volvió en mi "Noemí"! (¡El sobrenombre que le teníamos era Omi!) Fui su amiga y nuera por 33 años, me familiaricé y sumergí en su comunidad judía. Mientras vislumbraba en una tierra judía y comprendía las raíces judías de mi fe, *"su Dios se volvió mi Dios y su pueblo, se volvió mi pueblo" (Rut 1:16)*. Aferrándome a esta nueva herencia a la que contraje matrimonio, crecí en comprender las riquezas de la cultura hebraica de Jesús mi Esposo. Seguí la "Senda de Rut" y recibí una rica herencia que ahora comparto con otros.

En el 2007, cuando Omi murió a la edad de 99 años, Dios habló este versículo a mí corazón,

*"Booz le respondió: «Todo lo que has hecho por tu suegra después de la muerte de tu esposo me ha sido informado en detalle, y cómo dejaste a*

*tu padre, a tu madre y tu tierra natal, y viniste a un pueblo que antes no conocías. Que el Señor recompense tu obra y que tu pago sea completo de parte del Señor, Dios de Israel, bajo cuyas alas has venido a refugiarte».*

*Rut 2:11-12*

# Reconocimientos ~

¡Con manos sobre la mesa, al tope de mi lista, es mi esposo, John, quien sabe que yo "soy solo polvo," pero me trata como si fuera oro! Sin él, no hubiera podido contar esta historia. Él es mi primer esposo judío quien, por su herencia, me presentó a mi Esposo eterno.

John me ha amado, apoyado, ha creído en mí y ha continuado en su jornada conmigo aun cuando fue muy difícil hacia dónde se dirigía todo. Hemos estado casados 40 años, y considero que la primera cosa que ha causado que nuestro matrimonio y vida juntos sea tan buena, fue algo que nos ocurrió en una excursión el segundo año de nuestro matrimonio como nuevas criaturas. Nos encontrábamos en nuestra vereda favorita cerca de Allenspark, Colorado, parados al lado del río tomados de la mano. Parados ahí en silencio, observando el agua fluyendo sobre las rocas, ambos llegamos a la conclusión al mismo tiempo: no estábamos equipados para tener una vida.

Ambos sabíamos, sin haber conversado al respecto, que estábamos, según John lo dijo,

"Preparados para fracasar." No teníamos habilidades, desertamos la escuela en los 70s, embarazada con nuestro hijo, Ben. De repente, John rompió el silencio y oró. Él dijo, *"Tratamos de que nos vean como adultos responsables, pero Dios, Tú sabes la verdad. Somos dos jovencitos sin esperanza y aturdido sin idea de lo que estamos haciendo. Si no caminas con nosotros y nos ayudas a tener una vida, no lo lograremos. Señor, ayúdanos."*

Cuarenta años más tarde, puedo testificar del poder de esa oración. Él nos ha cubierto por completo. Bendijo nuestras vidas abundantemente con todo lo que necesitamos y mucho más. ¡Nos dio sustento, 3 hijos hermosos, 4 nietas (y más), mentores espirituales maravillosos, una familia enorme que apoya, amistades de todo el mundo que traen riqueza, y lo mejor de todo, una relación personal con el Rey y Creador del universo! John y yo sabemos con certeza que dependemos 100% de Él, así como lo estábamos aquel día en el río.

Hay un versículo en Deuteronomio que añade más. Moisés le da a los hijos de Israel sus prioridades y "cuentas resumidas" que Él espera que cumplan: ***"Amando al Señor tu Dios, escuchando Su voz y allegándote a Él; porque eso es tu vida y la largura de tus días, para que habites en la tierra que el Señor juró dar a tus padres Abraham, Isaac y Jacob»."*** ¡Todavía nos aferramos, y John y yo sentimos que nuestras aventuras reales juntos y con el Señor solo están comenzando!

"Nos aferramos a Tu amor divino
Nos aferramos y no lo soltaremos
No se trata de nuestro celo,
sino que Tu amor es fuerte,
No se trata de nuestra fe,
sino que Tú eres fiel"
-Jon Thurlow

Quiero darle gracias a nuestros amigos que hemos conocido en el transcurso de los años; primero los que estuvieron en nuestros grupos pequeños en Colorado quienes nos exhortaron, fortalecieron y apoyaron mi pasión siega por encontrar a Jesús en las festividades del Señor. ¡Sin saber lo que hacía o hacia donde me dirigía, estos grupos pequeños fueron la comunidad con la que creamos vida, y naturalmente fueron con quienes practiqué! Esto muy agradecida por esos amigos cercanos que Dios nos dio en Kansas City, MO también. Que gran comunidad de amantes de Jesús de todo corazón, colaboradores fieles en la oración y amigos que Dios nos ha dado para esta jornada. La vida solo trabaja en comunidad, y Dios ha sido fiel en darnos amistades con quienes podemos correr.

Les agradezco a mis "amigos de estudio," que buscaron conmigo las riquezas de nuestras raíces hebreas juntos: mi esposo, John, Jess y Alice, Eudis, Liz, Sarah, Kelli, Linda, Matt y Christina, y Daniel… ¡no puedo creer que ahora tenemos 3 *sukkahs* en nuestro vecindario a los que podemos asistir cada año durante la Fiesta de Tabernáculos! Ustedes me hicieron consciente de que no fui yo quien se invento todo esto; es real, está escrito y puede buscarse en palabras. Ya no estamos solos en esta jornada buscando a Jesús en las festividades y cada día se vuelve más emocionante.

Jessica Bouzianis: Gracias por tus largas horas editando y ayudándonos en tantas maneras. Teniendo una vida ocupada con 3 pequeños, nos has entregado horas infinitas de tiempo con valía, me has servido y exhortado en tantas maneras. Hasta aprendiste a interpretar mis pensamientos sin importar mis oraciones sin fin sugiriendo cambios sin remover lo que quiero trasmitir desde el corazón. También quiero agradecerle a tu esposo, Steven, quien confió en este libro e invirtió su tiempo en varias maneras. ¡Muchísimas gracias a ambos!

Daniel Schuman Kemp… ¡en una manera extraña, siempre estaré agradecida de que hayas lastimado tu rodilla porque te forzó a tener un trabajo donde debías estar sentado en la sala de recepción conmigo! La única razón por que la escribo esto es porque tú confiaste en mí y le diste valor a lo que enseño. John lo hizo también, pero él y yo nos parecemos demasiado. Tenemos pasión, pero nos falta la iniciativa que se necesita para hacer más que solo hablar al respecto. ¡Eres la chispa, el catalizador que causa que las cosas ocurran! Valoro el don asombroso que tienes que comunica vida en los dones de otros.

Estos fascinada cuando lo veo en el trabajo. ¡Tienes una manera de tomar el embrión de una idea que puede salir repentinamente de mi mente, la validas y declaras vida sobre ella, y lo haces sonar emocionante! ¡Me haces incluirme en mis propias ideas! ¿Cómo funciona esto?

Amo la manera sobrenatural en la que Dios cruza los destinos en la vida de las personas. Tu amistad en un regalo importante para John y yo, y de alguna manera Dios te hizo involucrarte en nuestra "Aventura con Ma' y Pa'." Nunca olvidaré la noche de nuestra cena cuando discutimos en la mesa acerca de nuestra idea de poner mi enseñanza en papel / o videos en el futuro. Rápidamente gritaste, "¡Yo quiero ser parte de esto! ¡Es lo que debo hacer!" John y yo nos sorprendimos cuando te emocionaste y nos sentimos apenados por ti al tener una visión pequeña de tu vida. No trato de decir que no queríamos que fueras parte de lo que hacíamos; ¡solo teníamos una visión mucho más grande para lo cual tú eras capaz! Al ver cómo todo se ha puesto en marcha, podemos ver que sin ti, esto todavía sería una idea que John y yo discutimos al beber café. Honramos tu corazón apasionado por las cosas del corazón de Dios, honramos tus dones que son motivadores, y que llevan honor y gloria a Él dando a luz Sus planes para que podamos recibir la recompensa sobre los que Él ama. ¡Eres una persona "rara" de encontrar y tienes un gran testimonio como testigo, y me agrada que Dios nos uniera a alguien que no solo nos comprende, sino que puede liderar nuestra procesión!

También quiero agradecerle a Mike Bickle en la Casa de Oración Internacional, quien nos ha bendecido a John y a mí por años; nos ha alimentado y sostenido nuestros corazones con perlas de sabiduría y enseñanzas que solo una persona que vive cerca del corazón de Dios puede conocer. Sin tratar de ponerlo en un pedestal, lo cual no le agradaría, él es verdaderamente el mejor ejemplo de lo que parece un hombre humilde de Dios, que jamás hallamos visto. Las enseñanzas de Mike acerca del Amor Nupcial y los estudios de las emociones de Dios en la Biblia ha cambiado mi vida. Una vez compartió un encuentro poderoso que tuvo con el Señor cuando Dios le dijo, "¡Se paciente, jovencito!" Mike explicó que, al decir, "paciente" el Señor quiso decir, "Tu tarea es para largo tiempo. ¡No renuncies ahora!" Su perseverancia, constancia, consistencia, y devoción a Jesús es una exhortación al Cuerpo de Jesús mundialmente. Recuerdo que un pastor de Inglaterra que vino a visitar a IHOPKC, me dijo, "Cuando siento ganas de renunciar, escucho el cuarto de oración en la red, y cuando veo a Mike Bickle ahí dentro, fiel a su llamado después de todos estos años, yo digo, "¡Si Mike puede continuar, entonces yo también puedo!" John y yo, como muchos otros, siempre estaremos agradecidos de tener un ejemplo que testifica ser un "testigo fiel."

También quiero agradecerle a Muraina Rivera quien dedicó su tiempo para traducir y editar este libro. No conocía a Muraina antes de comenzar este proyecto, pero cada vez que nos encontramos, podía comprender por qué el Espíritu Santo la eligió para iniciar la traducción. Ella tiene un corazón puro, hermoso y está enamorada de Jesús…Y comparte mi pasión por bendecir el Cuerpo de Jesús con la historia divina de amor encontrada en las festividades. Estoy muy agradecida por todo su arduo trabajo y por haberse convertido en una amiga especial para nosotros, como resultado de trabajar juntos en esta obra.

# Tabla de Contenido

## Estableciendo un Fundamento

## Jesús en las Festividades de Primavera

## Conectándonos al Otoño

## Bibliografía y Apéndices

Finding the Afikoman

# ~ Prefacio ~

Nunca pensé que las cosas que llevé en mi corazón acerca de las festividades bíblicas se volvería un libro. Dios me lo encubrió. Digo esto reverentemente, mas es cierto.

Comencé esta jornada en 1975 como una nueva criatura. Él me encontró por sorpresa, apareciendo inconvenientemente en medio de una cena de Pascua en la casa de mis suegros judíos, donde ha estado revelándome a Jesús en Sus festividades desde entonces. Nunca anhelé ser una estudiosa ni experta en este tema; de hecho, la mayoría de las cosas que me reveló estaban escondidas en diarios; eran secretos íntimos entre Él y yo, demasiado vulnerables para compartirlos. Fui fascinada con la Persona de Jesús desde el día en que lo conocí, y desde entonces tuve un anhelo ardiente por encontrarlo y conocerlo íntimamente. No estaba satisfecha con solo conocer de Él. Quería que me mostrara personalmente las cosas en la Biblia que le 'concernían a Él" (Lc. 24:27). En los 70s, fuimos llamados "los locos por Jesús" y considero que todavía lo estoy. Aún no puedo encontrar nada en este mundo que sea más deleitable que Él.

Lo que consideré como una jornada personal encontrándolo en las Festividades de Levítico 23 se ha convertido en un hambre en los cristianos de todo el mundo. Hice un trato con Dios en 2008, cuando por primera vez me pidió que compartiera lo que aprendí de Él. Me puse en acuerdo en compartir mi historia y las revelaciones que me mostró, pero Él tuvo que enviarme a las personas con el hambre por conocer. No salí buscando en lugares ni a personas para tener con quién compartirlo. Él lo hizo. Él envió personas con corazones abiertos, uno por uno, grupo por grupo; y no solo localmente, sino de todas las naciones. John y yo tenemos historias increíbles de cómo el Señor nos conectó con personas de todo el mundo. Cuando se hospedan en nuestra casa y se inicia una conversación en la que ellos "hacen preguntas," mantengo mi acuerdo con Dios y comparto mi corazón.

Lo que tengo que compartir es más que información acerca de festividades bíblicas. Considero que Él me ha dado revelación de Su anécdota de amor divino que está escondido en las ceremonias, las costumbres de las festividades, y la cultura en la que Él se expresó a Sí mismo. Descubrí el lenguaje de estas festividades escondido en todo el Antiguo Testamento y Nuevo Testamento en la Biblia. La información es importante para comprender la rica herencia en la que hemos sido injertados cuando nacimos de nuevo. Las raíces hebreas de nuestra fe abren el cerrojo de misterios y comprensión de lo que hemos sido cegados por 1,800 años.

Dios me pidió que escribiera y compartiera lo que me ha revelado estos años, principalmente para servir como una invitación; para que otros lo encuentren en el patrón de las festividades, para fortalecer sus corazones en la revelación de que la Biblia es la más grande anécdota de amor jamás antes dicha. Tan simple como lo escuchan las mentes teológicas, ¡realmente todo se trata de una boda!

En los primeros capítulos, compartiré mi testimonio de cómo comencé a buscar de Jesús en las festividades bíblicas. Luego, estableceré un fundamento de pensamiento hebraico y filosófico que ha fluido a través de la cultura judía por miles de años. Es necesario que haga esto para darle contexto y significado a las festividades del Señor. También espero dar gran entendimiento acerca de en dónde han sido injertado los cristianos gentiles cuando comenzamos a creer en el Mesías judío. Mi oración es que recibas una revelación fresca de Jesús mientras lees este libro y que te asombres tanto como lo fui yo; para que descubras el plan de Dios acerca de cómo regresará a la tierra, para redimir a Su Esposa. ¡Por tanto, si todo lo que te queda al terminar este libro es un corazón ardiente con más amor por Jesús, entonces mi tarea ha sido un éxito y Él estará agradecido!

# ~ Capítulo 1 ~

## LA JORNADA COMIENZA

*"La fe no es aferrarse a un templo,*
*sino al peregrinaje interminable del corazón."*
Abraham Joshua Heschel

En el 1974, cuando mi esposo John y yo éramos una pareja de recién casados, pude ver el primer destello de su don profético que estalló mi pequeña burbuja de *poliana*. Un día él vino a la puerta y algo enojado dijo, "¡Si Dios es real entonces debemos hacer algo más que solo admitir que existe!" En mi mente pensé, "Y quién él se cree que es, diciéndome que hay algo mal en lo que creo y cómo lo creo; además, ¡ni recuerdo haber tenido este tipo de conversación!" Pero era una palabra cierta de parte de Dios la cual penetró mi corazón y comenzó un movimiento drástico que cambiaría mi vida para siempre.

Después de ese día fuimos invitados a una iglesia en el campus de la Universidad de Colorado. El pastor enseñaba del libro de Juan acerca de un hombre llamado Jesús. Jamás había abierto una Biblia en mis 25 años y Jesús era solo un bebé en un pesebre en Navidad. Mientras más el pastor hablaba de Él, más fascinada me volvía y salí de aquel lugar hambrienta por conocer más. No estaba consciente de que mientras regresaba cada semana me estaba convirtiendo en cristiana; no sabía que estaba descarriada. No vine a Él principalmente como una pecadora culpable; vine a Él porque me enamoré de Él y le dije que quería conocer todo lo que pueda acerca de quién era Él. Me relacioné con Pedro y los discípulos cuando Lucas 5:11 dice, "Dejaron todo y le siguieron." Es exactamente lo que nos sucedió a John y a mí. Jesús ganó nuestros corazones y fui marcada con el clamor de Pablo en Filipenses 3:10, "A fin de conocerle." No había otra opción más que seguirle como Abraham, sin saber a dónde iríamos.

Era en la aptitud de "es necesario que el que se acerca a Dios crea que Él existe" (Heb. 11:6), donde encontré a Jesús escondido en las fiestas bíblicas. Esta es la jornada a la cual deseo invitarte mientras comparto mis testimonios y revelaciones que abarcan un período de 4 décadas cavando por el oro que encontré en el patrón de redención en Levítico 23. Si usted sólo está interesado en información, perderá el propósito de este libro. Pero si busca comprender la cultura y la familia a la que Romanos 11:17 dice que somos injertados, encontrando posiblemente el corazón del Esposo judío, te exhortamos a que nos acompañes. Es una jornada que va a satisfacer tu anhelo por un entendimiento sólido de las escrituras y fortalecerá tu corazón para amarle más.

# ANTECEDENTES

Cuando contraje matrimonio con John en 1974, no nos importó el hecho de que él fuera judío y yo no. Sin embargo, sí significó algo para la familia de John. Sus dos padres eran sobrevivientes del holocausto. Escaparon de Alemania en 1939 y encontraron refugio en Shanghái, China por 9 años antes de emigrar a Estados Unidos. Tristemente, el resto de los miembros de su familia murieron en los campos de concentración de Hitler. Por consiguiente, era extremadamente importante para ellos que John, siendo el único hijo quien llevaría el nombre de la familia, considerara las tradiciones judías y contrajera matrimonio de acuerdo con su creencia. No cabía la menor duda de que no fui aceptada en la familia con emoción ni brazos abiertos, era una Gentil. Todos saben que si contraes matrimonio con un gentil, harán que tu hijo o hija se conviertan al cristianismo. Sabía que eso no sería un problema porque yo no era cristiana tampoco, y se lo aseguré a la madre de John porque yo no tenía una religión sino una creencia genérica en un poder de lo alto. ¡Ella no tenía que preocuparse de que su hijo fuera influenciado en el área religiosa a través de mí!

Mi 1ra reunión con los padres de John fue un poco estremecedora. ¿En qué me había metido? Sus padres eran europeos de baja estatura con un fuerte acento alemán y una religión extraña. Parecían como si hubiesen llegado de otro país y yo me sentía como si hubiera llegado a otro planeta. ¡La 1ra vez que fui a su hogar a cenar, no conocía sus "reglas" y me sentí como una Gentil! Trabajé duro para que me amaran y aceptaran, y sabía que la madre de John vivía con la esperanza de que yo me convirtiera al judaísmo. Luego, después de un año de casados, ocurrió su peor pesadilla. ¡Nos volvimos cristianos! "¡Dios lo impida!" Ella estaba furiosa, así que para calmarla nos pusimos de acuerdo para visitar a su *rabí* para "desprogramarnos."

El movimiento llamado 'Los Judíos por Jesús,' liderado por *Moshe Rosen*, tenía su centro de mando en Denver, Colorado donde vivíamos. Todos los *rabinos* en la ciudad advertían a su congregación de que él venía tras sus hijos; por lo tanto, el *rabino* que visitamos estaba muy bien preparado con un argumento intelectual de por qué no habría posibilidad que Jesús fuera el Mesías judío. Recuerdo sentirme muy impresionada por este hombre y su gran riqueza en el conocimiento. Nos sentamos y escuchamos por un largo rato mientras nos llevó por el Antiguo

Testamento. Nos compartió su conocimiento acerca del Nuevo Testamento también, explicando por qué era una religión diferente. Sus argumentos se basaban en nosotros. John y yo habíamos comenzado a leer nuestras biblias hacía muy poco tiempo y todo lo que teníamos era la simple revelación de que Jesús había muerto por nuestros pecados. Yo solo sabía que una Persona llamada Jesús me encontró y como resultado cambió mi vida. No podía explicar por qué yo creía, así como el hombre ciego en el libro de Juan a quien le pidieron que explicara a los líderes religiosos cómo Jesús lo había sanado, dijo, "lo único que sé es que antes estaba ciego y ahora puedo ver."

Cuando el *rabí* terminó con su argumento bajó su pluma, exasperado con nuestra falta de respuestas, nos miró y dijo, "De acuerdo, ¿díganme por qué creen en esto?" Hubo silencio mientras escudriñaba mi corazón por un minuto y respondí la única respuesta que tenía: "Porque Dios me dijo que era cierto." En un tono de incredulidad, ofendido preguntó, "¿Dios te habla?" Me sentí confundida por su pregunta, pensando, *"¡si Dios me habla seguramente también le habló a este rabino quien es tan sabio!"* Respondí sintiéndome avergonzada, "Sí, ¿acaso Él no le habla a usted?" Con gran enojo y frustración se levantó de su silla, dijo que no tenía nada más que decirnos, y nos mostró la puerta. Años después realicé la verdad de la escritura, que Dios usa al ingenuo para confundir al sabio y a pescadores sin educación para cambiar la palabra del hombre estudioso.

Con la maravillosa gracia de Dios y después de mucha tensión por los problemas, los padres de John no nos desheredaron. Tomó un poco de tiempo y oración, pero con la ayuda de Dios me volví muy cercana a la madre de John por los 33 años que tuve el privilegio de conocerla. Cuando ella murió a la edad de 99 años, con su mente permaneciendo en total claridad y llena de vida, me di cuenta de cuánto ella impactó mi vida como una de las personas con más influencia que jamás haya conocido.

## ENCONTRANDO EL AFIKOMAN

Cuando John y yo nos volvimos cristianos en 1975, la iglesia de Estados Unidos creía en la Teología de Reemplazo; creer que los judíos fueron parte de un Antiguo Pacto, y que por su desobediencia fuimos removidos del plan y las promesas de Dios. También se creía que la Iglesia del Nuevo Testamento reemplazó a Israel y recibió la herencia de su bendición. Como resultado, cuando John y yo nos volvimos nuevas criaturas, su identidad judía se desvaneció en los antecedentes y nos entregamos a crecer como nuevos creyentes. Encontré a la persona de Jesús en muchas maneras significativas y estaba en una jornada para conocerle íntimamente. Al mismo tiempo, tratábamos de amar, honrar a la familia de John y suavizar el golpe de nuestra conversión cristiana. Visitamos la sinagoga con ellos en los días festivos y celebrábamos las tradiciones judías en su hogar. En una celebración del Día de Pascua con la familia de John durante los primeros días como cristianos, tuve mi primer encuentro con el contexto judío de mi fe, lo cual fue una verdadera sorpresa para mí.

Durante el *Seder* de Pascua (*Seder*, significa la 'orden de la tarde'), hice muchas preguntas porque estaba tratando de comprender el judaísmo. Hubo un momento en el cual el líder sostuvo un montón de *matzahs* (cuadrados planos de pan sin levadura), rompió el del medio y lo envolvió en un pañuelo blanco de lino. Lo escondió para que los niños lo encontrarán luego. Pregunté. "¿Qué es eso?" Él dijo, "Se le llama el *Afikoman*, lo cual significa, 'la satisfacción.' Cuando los niños lo encuentran reciben una recompensa y es lo último que se ingiere al final de la cena." Estaba muy interesada y pregunté qué simbolizaban los 3 *matzahs*. Explicaron que representaban a sus patriarcas hebreos, Abraham, Isaac y Jacob. Insatisfecha con la respuesta pregunté, "¿Por qué Isaac está roto?" Ellos no sabían responderme y sentí su incomodidad por mi pregunta. Esto era tan confuso para mí. Esta ceremonia ha sido celebrada por 3,500 años; entonces ¿cómo pueden tener una explicación tan débil acerca de lo que representan los 3 *matzahs*? Entonces el Espíritu Santo me habló. Él dijo, "Es el Padre, el Hijo y el Espíritu Santo. El Hijo fue quebrantado, envuelto en ropas de sepultura y solo aquellos con un espíritu como de un niño lo encontrarán. Jesús es el *Afikoman*, la satisfacción.

El impacto de sus palabras me tomó por sorpresa. Cuando finalmente lograron hacerme comprender, estaba confundida y le dije a Dios, "Pero no estamos celebrando una ceremonia cristiana… ¿Qué estás haciendo en esta actividad judía, Señor?" ¡Estaba pasmada! Llegué a mi casa y le pregunté a Jesús, "¿Si la Pascua se trata de Ti entonces de qué tratan las otras festividades judías?" Él dijo, "Se trata de mí, todo es acerca de mí. El cristianismo es judío." Me senté ahí estupefacta y pensé, "¡Increíble!"

## MI CORAZÓN ES MARCADO

Esta revelación sorprendente que Jesús era judío, abrió una nueva puerta de descubrimiento para mí. ¡Él me invitaba a seguirle en una jornada para encontrar los ricos tesoros acerca de Él y su reino, los cuales han sido llevados por el pueblo judío por miles de años en la historia! Esto es lo que es maravilloso para mí: ellos fielmente llevan lo que yo llamo, el cofre de tesoros de costumbres, tradiciones y el patrón bíblico de la redención que el Mesías cumpliría. Ellos lo mantuvieron a través de la persecución abrumadora y causó la absoluta aniquilación de parte de sus enemigos. Perseveraron sin importar su infidelidad contra Dios que resultó en su disciplina severa para ganarlos de vuelta. Milagrosamente, se aferraron a ese "cofre de tesoros" por 3,500 años para que Dios pudiera revelar sus misterios a los judíos y los gentiles: sus encogidos por quienes Él regresará.

Dios ha hecho algo muy brillante. En este tiempo de la historia, mientras se acerca a su 2da venida a la tierra, Él ha puesto un "callejón sin salida" divino. Pablo dice, "¿Qué ventaja tiene el judío? Mucho, en todas maneras. Primero, ciertamente, les ha sido confiada la palabra de Dios." ¿Qué se les entregó? ¡El "cofre de tesoros" de ritos, ceremonias, cultura e historia de caminar con Dios a través del patrón de redención por 3,500 años, manteniendo fielmente esas "imágenes" de Jesús su Mesías, con vida y aún así, no conociendo que todos tratan acerca de Él! Así como la ceremonia del *Afikoman,* cuando abrí mis ojos por primera vez y Él se mostró a sí mismo, todas las fiestas están llenas de cuadros proféticos acerca de Jesús, su Mesías.

El Antiguo y Nuevo Testamento están llenos de lenguaje acerca de las fiestas, que los creyentes gentiles no ven, y perdemos el significado absoluto de lo que se dice. Debemos humillarnos y admitir que nuestro entendimiento griego no nos llevará más lejos si no nos "aferramos al manto de un judío" diciendo,

"Muéstranos a tu Dios."

*Zac. 8:23*, dice *"Así ha dicho Jehová de los Ejércitos: En aquellos días acontecerá que 10 hombres de las naciones de toda lengua tomarán el manto de un judío, diciendo, "Iremos con ustedes, porque hemos oído que Dios está con ustedes."*

De la misma manera, ellos tienen el "cofre de tesoros" sin ningún entendimiento de lo que llevan y sólo cobra sentido con el conocimiento de la revelación de Jesús. Yo creo que cuando nos vean celebrando sus fiestas en la plenitud y gozo de conocerlo a Él, serán conmovidos con celo y humildemente nos pedirán que les mostremos a Jesús. Les necesitamos y ellos a nosotros; ¡que brillante idea de parte de Dios para que nadie se gloríe! Los judíos, así como la iglesia compuesta de judíos y gentiles, ha sido cegada sobrenaturalmente hasta este tiempo en la historia donde Él está reuniendo a "una nueva criatura" de la Iglesia judía y la gentil. Esta unión que ha comenzado en este tiempo presente cambiará la faz del cristianismo y del judaísmo como lo hemos conocido, y lo llevará, en mi opinión, a "vida de entre los muertos."

Vivimos en un tiempo donde Dios está abriendo los ojos de la Iglesia, para que comprenda que hemos sido adoptados en una familia judía. Más que una adopción, somos un pueblo prometido a un Esposo judío, que viene pronto para consumar el pacto de una boda nupcial judía, que Él inició en su 1ra venida en la antigüedad.

Así que, 38 años atrás en el 1976, el Espíritu Santo me llevó de la mano y comenzamos nuestra búsqueda del tesoro, juntos. No buscaba convertirme en estudiante; buscaba conocerle. Él era mi visión y mi recompensa. Me mostraba libros para leer y enfatizar a color lo que Él quería que yo viera. Tomé cursos de raíces judías, pero sentí que Él quería que me detuviera cuando mi cabeza iba más allá de mi corazón y cuando el orgullo de conocer me hacía sentir como una santurrona por conocer tal exquisitez de información que otros no tenían. Tuve que quedarme cerca de su corazón y depender completamente del Espíritu Santo para liderarme y llevarme en el camino. Al principio, el judaísmo parecía difícil de comprender y casi misteriosamente cerrado para que extranjeros lo entendieran. No tenía un *rabino* educado ni un estudioso judío que pudiera o que estuviera dispuesto mostrarme las revelaciones de Jesús en las festividades. Tampoco tenía la ventaja de buscar en la internet porque no existía. Sin embargo, sí tenía a Aquel quien ***"comenzando desde Moisés, y siguiendo por todos los profetas, les declaraba en todas las escrituras lo que de Él decían." (Lc. 24:27)***

Me hizo comenzar como una niña, aprendiendo desde los libros para niños en la librería. Aprendí cómo los judíos celebran cada festividad y luego seguí sus instrucciones. Comencé a verlos como cuadros proféticos en donde Él quería revelarse. Hacía preparativos para prepararlos en mi casa, la iglesia o lugares rentados invitando a nuestros amigos y la comunidad para que nos acompañarán. Cada año, con cada fiesta, le pedía que me enseñara cosas nuevas y que me revelase su corazón, y mis diarios están llenos de las cosas maravillosas que me mostró acerca de Sí mismo. El gozo de encontrarlo y acercarme a su corazón me sostuvo a través de la, a veces solitaria, jornada y el reproche por practicar "¡esa actividad judía extraña que era tan legalista!" Pero no me permitió renunciar, así que año tras año estudiamos el calendario judío y pedía una fresca revelación de Jesús mientras lo hacíamos.

Otro buen recurso para aprender fue cuidar de mi suegra por todos esos años; conduciéndola por Denver y sumergiéndome en su mundo, aprendiendo no solo lo que los judíos creen sino observando cómo viven su vida. Sentí el deleite de Dios viendo a otra joven gentil, como Rut, contraer matrimonio uniéndose a una familia judía y aferrarse a su suegra. Es mediante la combinación de estas cosas por las cuales quiero invitarles a que comiencen su propia búsqueda de tesoros, lo cual yo llamo la "Senda de Rut, Encontrando el Afikoman" por sí mismos.

La gran imagen que veo hoy día, no tenía un señuelo al comenzar mi jornada encontrando a Jesús en las festividades. Celebramos las festividades cada año y su significado y revelación se desenvolvían cada vez que las practicábamos un poco más, pero al mismo tiempo, John y yo estábamos involucrados en nuestra iglesia local. No hablaba acerca de las "actividades judías" demasiado porque en aquel tiempo mostraban poco interés. Era una jornada íntima que escondí en mi corazón y que vivía con el Señor.

Mientras John y yo crecimos en nuestra fe y vivir en Él, es difícil detallar las cosas que influían en nuestro crecimiento cristiano porque por años fuimos bendecidos con conocer, y ser afectados por varios hombres y mujeres increíbles de Dios. Sin embargo, hubo 2 hombres que impactaron mi corazón en una manera significante. La enseñanza del libro de Cantar de Cantares de Mike Bickle (mikebickle.org), el Paradigma Nupcial y su enfoque en conocer los afectos de Dios cambiaron mi vida. La 2da influencia fue ser parte del ministerio de nuestro amigo, Tim Ruthven y sus enseñanzas acerca de la importancia de no sólo conocer de Jesús sino de vivir íntimamente con Él nos enseñó el valor de tener una postura genuina de preparación como una esposa ataviada para el regreso del Esposo. La influencia de estos dos varones y su revelación del paradigma nupcial, se convirtieron en los lentes que mantuvieron mi corazón ardiendo y luego me ayudaron a conectarme con la historia escondida en las festividades bíblicas del Señor.

Tomó muchos años participar de las festividades judías, contemplándolas mediante Jesús antes de estar realmente consciente de cuán prominente es el mensaje nupcial en el patrón de las festividades en Levítico 23. Por los siguientes 39 años como creyente he tenido 2 encuentros personales, con 10 años de diferencia, con Jesús como mi Esposo. Por esto, leo la Biblia intencionalmente buscándolo a Él desde este punto de vista. Lo he conocido como Salvador, Padre, Juez, Libertador, Sanador y Amigo, pero los encuentros con Él como mi Esposo, llevó a mi corazón a la vida como ningún otro. Escudriñando esto en mi mente, compartiré los dos encuentros nupciales que cambiaron mi relación con Dios radicalmente.

## ENCUENTROS CON EL ESPOSO

En 1981, nos dirigimos a un campamento de la Iglesia en Minnesota del Norte llamado Campamento Dominio, liderado por Charles y Dottie Schmidt. En aquel tiempo, me consideraba una cristiana carismática "a fuego". Sin notarlo, permití que mi inocente e infantil corazón se apagara inflamándose por aprender la cultura del cristianismo devotamente sentándose a sus pies. Inconscientemente, poco a poco me había alejado de Aquel de quien se trataba todo esto. Afortunadamente el comité de "los caminos y los medios" de Dios intervino a mi favor y Él me levantó para una revelación fresca de su amor.

Aunque el ambiente del campamento era hermoso, anidado en medio de un bosque de abedul en el lago, las habitaciones fueron un poco rústicas. ¡Había un letrero publicado como una broma, advirtiéndonos que las condiciones del campamento eran para la preparación de su ejército de creyentes para los últimos tiempos! Es difícil recordar qué me hizo dar un chasquido; pudo ser los ratones entrando y saliendo de nuestra habitación, los murciélagos bajando en picada cerca de nuestra cama, la lluvia constante y el lodo ensuciando mis nuevos zapatos blancos, las tres duchas disponibles para 300 personas, o el acumulamiento de todo. Pero un día, sosteniendo un papel sanitario empapado en el anexo, comencé a clamar, "Dios, detesto este lugar y no quiero estar aquí con estas personas. ¿Qué ocurre conmigo que algo tan pequeño se vuelve tan difícil?" Más tarde me di cuenta que Él estaba rompiéndome para que pudiera ver la aridez de mi corazón.

Fue en este lugar pobre y quebrantado a donde fui a escuchar al predicador de la tarde, Art Katz. Si alguna vez usted ha participado en alguna de sus enseñanzas o sus libros, sabrá que él tenía una autoridad profética intensa para hablar la verdad de parte de Dios. ¡Su don no era una predicación diplomática dulce como muchos creyentes judíos a los que conozco! Cuando terminó de predicar podías escuchar a un alfiler caer en el suelo. Habría sido inapropiado susurrar por la presente convicción del Espíritu Santo. Estaba desecha. Salí de la reunión, desaparecí en el bosque, y me senté en una roca, sin palabras. Finalmente, pude comprender y palabras salieron de mi boca; *"Señor, sé acerca de ti...pero realmente no te conozco. ¡Por favor, ayúdame!"* La próxima semana fui a una reunión de damas en un lugar del bosque llamado la 'Carpa de Lydia.' Una joven, llamada Karen Kangas, compartía su historia acerca de la pérdida trágica y el dolor. Su testimonio de Jesús en medio de todo fue el catalizador que comenzó el encuentro que cambió mi vida. Karen compartió, cómo en un corto tiempo ella perdió todo lo que era importante en su vida. Su casa y todas sus pertenencias se habían quemado en un incendio forestal, y justo después, su esposo murió en un accidente de construcción. Compartió su jornada de aflicción que casi le quitó la vida y como Jesús extendió su mano en medio de su desesperación y le dijo que si ella se aferraba a Él la sacaría de su depresión de regreso a la vida. Después de contar su jornada diaria de intimidad con su Esposo Jesús, dijo algo sorprendente; "Estoy aquí el día de hoy y honestamente puedo decir que, aunque perdí todo lo que más me importaba en este mundo, el tesoro que gané de conocer a Jesús íntimamente vale muchísimo más." No tenía palabras. Vi la faz de Jesús que irradiaba de ella y supe que era verdad. Ella había encontrado la "perla costosa" y yo la quería. En ese momento comencé a decir palabras fuertes, "Señor, quiero conocerte…sin importar lo que cueste."

Unas horas después, mientras mi esposo y yo nos preparábamos para escuchar a nuestro predicador favorito en la última noche del campamento, escuché a Jesús susurrar a mi espíritu, "Encuéntrame en la carpa de Lydia a las 7:00 pm." ¡Wow! Estaba emocionada, aterrorizada y recuerdo pensar, "Santo cielo, Dios es real y Él se encontrará conmigo personalmente." Siempre recordaré cómo me sentía al caminar por el bosque de Minnesota para encontrarme con Jesús. Podía escuchar la alabanza desde el pasillo principal a la distancia y sentí como si el coro que cantaba hubiera sido orquestado solo para mí.

*"Señor, eres más preciado que la plata,*
*Señor, eres más costoso que el oro,*
*Señor, eres más hermoso que los diamantes,*
*Y nada de lo que deseo se compara a ti."*

Así que entré a la carpa con mi corazón palpitando y la música hermosa tocando para mí. Su presencia estaba allí y tuve mi 1ra comunión con Jesús el Esposo, sentada en silencio ante Él por primera vez. ¡La mañana siguiente, mientras nos marchamos, recuerdo conducir con mi corazón sintiéndose tan enamorado que pensé que moriría si no podía tener más! Mi corazón literalmente anhelaba estar con Él de camino a Colorado.

# ABRIL 14, 1999

Quiero decir que viví esa experiencia por un largo tiempo después. Literalmente, la verdad es que me cambió para siempre, pero la emoción se desvaneció, y aunque traté, no pude conseguir que regresara ese sentimiento de enferma de amor. Pedí por ello, busqué por ello, pero sin importar lo que hiciera, no podía manipular a Dios para que me lo entregara en mi tiempo. Tuve otros encuentros tiernos con su corazón, pero ninguno se compara a aquella reunión nupcial que tuve en la carpa de Lydia en el bosque de Minnesota. En 1990, después de desatarse un avivamiento en una iglesia en Toronto, di 4 viajes a ese lugar y pedí por otro encuentro nupcial. Tuve un tiempo magnífico y me refresqué en el Espíritu Santo, pero Él no respondió a mi petición hasta abril 14 de 1999.

Dos amistades y yo condujimos hasta Kansas City para asistir a una conferencia de mujeres estudiando la intimidad con Jesús, pensando que tal vez este sería el momento que había estado esperando. Fue una buena conferencia, pero mi corazón se sentía muerto y apagado. La última noche Diane Bickle hizo un llamado al altar diciendo, "Así como Blanca Nieves estaba dormida dentro de la caja de cristal, la Esposa de Cristo necesita un beso de Jesús para despertar su corazón" luego nos invitó para recibirlo. Sin sentir nada, pero sin querer perderme la oportunidad, pasé adelante y por fe recibí el "beso." (Nota: para aclarar lo dicho, nuestra relación con Jesús no debe ser comparada a una relación sexual. Él no es un "novio", así que el "beso" por el cual Diane oraba era un fresco toque personal de su presencia en nuestras vidas para despertar nuestro amor por Él, lo cual es muy bíblico.) Esa noche antes de irme, compré un libro que Diane recomendó llamado, *Secret Romance* (Romance Secreto) por John Eldridge. Conduciendo de camino a Colorado, me sentí desilusionada una vez más porque Dios no me entregaba lo que le pedía.

Dos semanas después tuve que cumplir un compromiso no deseado con mi suegra. Acabó de perder a su segundo esposo y se sentía sola. Omi me pidió varias veces si podía ir con ella a Las Vegas, su lugar favorito para vacacionar. Las Vegas era el último lugar a donde hubiera querido ir, pero ella era ya generosa conmigo y había creado una relación tan cercana con ella que en una semana nos pusimos en acuerdo. Su edad variaba en los principios de los 90s en aquel tiempo y aunque tenía buena compostura, siempre tomaba su siesta en la tarde. Tomé esta oportunidad para sentarme cerca de la piscina y leer mi nuevo libro que había comprado en la conferencia para mujeres 2 semanas antes.

Nos quedamos en el Flamingo Hilton y el lugar era hermoso. Era principios de mayo y las flores estaban floreciendo, los cisnes nadaban en los estanques y esposas, con largos vestidos de blanco, tomaban sus fotos afuera en la capilla nupcial de la propiedad. Para completar la imagen romántica, Frank Sinatra cantaba en los auto-parlantes cantando canciones de amor. ¡El amor estaba en el aire! ¡Me sentía atraída por la atmósfera y después de varias tardes con mi corazón sintiéndose un poco cursi, sintiendo estar atraído y enamorado del amor, tuve la sorpresa más grande de mi vida!

Estaba sentada al lado de mi silla de patio leyendo el Romance Sagrado, y una oración en el libro dijo algo como, *"Has encontrado el amor que siempre habías estado buscando"*, ¡y fue como si Él hubiera saltado de detrás una palma! Estaba desecha. Llorando incontrolablemente, me puse mi toalla sobre mi cabeza para apagar mis sollozos y para esconder mi rostro de las personas asoleándose. ¡Estaba teniendo mi más anhelado, más esperado encuentro nupcial y me encontraba en "la ciudad del pecado! ¡Las Vegas, Nevada! No fue en Toronto ni en Kansas City, lugares más apropiados, sino que Él escogió responderme aquí en su estilo creativo e impredecible. ¡Al atardecer me encontraba en la pequeña capilla nupcial de rodillas, re-dedicando mi vida y amor al Rey de reyes y Creador del universo! ¡Irónicamente, 3 días atrás, juzgaba a cualquiera que viniera a Las Vegas a contraer matrimonio en una absurda capilla nupcial de "plástico" y aún así Jesús no se desalentó! Así que, con Frank Sinatra, cantando canciones de amor por las palmas, dejé a Las Vegas enferma de amor otra vez, contenta de haber recibido el "beso" tardío que había pedido hace dos semanas.

## LA IMPORTANCIA DE LOS LENTES NUPCIALES

Continúo buscándole por encuentros frescos. Estoy consciente de que el paradigma nupcial no solo es tema central de la biblia, sino que también es el hilo que corre a través de los festivales judíos. Unos años atrás, finalmente se me ocurrió, "¡Señor, espera, finalmente lo he comprendido! ¡Todas estas fiestas tratan acerca de una boda! Él dijo, "Sí, la pasión de mi corazón es redimir a mi Esposa. Todas tratan acerca de una boda." ¡Wow! Todo comenzó a tomar sentido y me di cuenta de que los encuentros que tuve en mi vida no estaban desconectados, sino que sirvieron para abrir mis ojos ante esta realidad."

Gary Weins dice en su libro, *Bridal Intercession* (Intercesión Nupcial)

> "La culminación de la historia humana es la ceremonia de bodas...Esta es la realidad que Dios tuvo en su corazón desde el comienzo de los tiempos. Por esto siempre ha sido la meta, podemos interpretar todos sus hechos con los seres humanos a la luz de este hecho vivificante."

Gary continua, y dice,

> "...Ciertamente, la analogía bíblica es un tema central [si no es el tema central] de la revelación de Dios a nosotros, lo cual provee una llave intérprete para comprender sus actos para con nosotros... Una vez comenzamos a ver esta realidad, y comenzamos a interpretar las realidades de la escritura... la historia de Israel, la venida de Cristo, su vida, su muerte y resurrección, sus hechos para con nosotros mientras tratamos andar en la vida de la fe... desde la perspectiva de su corazón como el Esposo eterno, comenzamos a comprender las realidades desplegándose de nuestras vidas en una manera completamente diferente. Él siempre ha trabajado con nosotros desde su perspectiva. Fuimos creados y redimidos por amor." (pág. 10)

Cuando miramos el final de la historia podemos ver lo que ha sido la pasión consumidora del corazón de Dios desde el tiempo del hombre y la mujer, corona de su creación, pecaron en el jardín. ¿Cuál es el punto focal intenso... la visión-señuelo... lo principal en el corazón de Dios? ¿Cuál fue su propósito al enviar a su Hijo a redimir a un pueblo y un planeta? ¿Cuál es el punto de todo esto que lleva un lapso de 6 mil años de historia? La respuesta se encuentra en Apocalipsis 19:6-9 y 21:2-4.

*"Y oí como la voz de una gran multitud, como el estruendo de muchas aguas, y como la voz de grandes truenos, que decía: ¡Aleluya, porque el Señor nuestro Dios Todopoderoso reina! Gocémonos y alegrémonos y démosle gloria; porque han llegado las Bodas del Cordero, y su Esposa se ha preparado. Y a ella se le ha concedido que se vista de lino fino, limpio y resplandeciente; porque el lino fino es las acciones justas de los santos. Y el ángel me dijo: Escribe: Bienaventurados los que son llamados a la Cena de las Bodas del Cordero."*

*"Y yo Juan vi la santa ciudad, la nueva Jerusalén, descender del cielo, de Dios, dispuesta como una Esposa ataviada para su marido. Y oí una gran voz del cielo que decía: He aquí el Tabernáculo de Dios con los hombres, y él morará con ellos; y ellos serán su pueblo, y Dios mismo estará con ellos como su Dios. Enjugará*

*Dios toda lágrima de los ojos de ellos; y ya no habrá muerte, ni habrá más llanto, ni clamor, ni dolor; porque las primeras cosas pasaron."*

Este es el clímax de toda la historia humana... aquel día en que todas las cosas serán redimidas y restauradas, todo el pecado de la tierra ha sido quitado de la tierra, y Jesús revela a toda la tierra a su Esposa perfecta y gloriosa. En un capítulo más adelante, compartiré con ustedes las tradiciones de una antigua boda judía que fue parte de la cultura en los días de Jesús. Pero quiero darle algo exquisito de esa tradición que es importante para apreciar la plenitud de esta escena épica final en el libro de Apocalipsis. La palabra "Apocalipsis", invoca imágenes horribles de completa destrucción y caos en nuestra mente. La palabra en griego es *"apokalypsis"* definido como, "revelación." ¡En el antiguo Israel, una esposa era cubierta del público con un velo, pero cuando la esposa y el esposo salen del *chuppah* nupcial, el esposo quita su velo para la fiesta de bodas y con orgullo la presenta a todos! Yo creo que fue mediante esta gloriosa perspectiva por la que el apóstol Juan quedó desecho al observar el gran final, o escena final de estos tiempos. ¡Fue el momento impresionante de la revelación o desenvolvimiento de su Esposa!

Espero que mientras usted lea este libro, vea su historia de amor desenvolviéndose desde Génesis hasta Apocalipsis. Oro para que usted pueda ver que Levítico

23 es una agenda de cómo el Mesías vendrá a la tierra a redimir a su pueblo y que también es el proyecto del plan de nuestro Padre del cielo, para cambiar nuestra identidad de esclavos a hijos e hijas, luego a sacerdotes, reyes y reinas, y finalmente la Esposa. Es la historia de Él, pero es la historia de usted también y es un placer para mí, invitarle a ser parte de ella.

*"Abba, Padre, toma mi afecto y hazme una esposa preparada para tu Hijo… Pues yo sé que Él es digno de todo lo que soy. Sé del precio que Él ha pagado y cuán lejos ha ido por pedir mi mano… me estoy enamorando de tu Hijo, el hombre más hermoso."* - **Laura Hackett-Park**

# ~ Capítulo 2 ~

## TIKUN OLAM

*"No maldigas la oscuridad, enciende la luz."*
*- Rabí Irvin Greenberg*

Después del encuentro con Jesús, el *Afikoman*, en el *Seder* de Pascua, presté atención al mundo judío con quien contraje matrimonio. Había un tema subyacente que atraía mi corazón y no podía comprender. Nunca había sido parte de una religión ni nacionalidad que tenía características definidas y tradiciones a las que podría llamar mías. Como muchos otros estadounidenses, yo era una mezcla de "Heinz 57," definida por la cultura de 1950 y 1960 en la que crecí. Siempre sentí la falta de origen, una falta de poder decir yo vivo mi vida de esta manera porque soy italiana o china, afroamericana o hispana. Cuando me volví cristiana en 1975 había una sensación de pertenencia que nunca había experimentado, sin embargo, todavía faltaba algo.

Nuestra comunidad estaba enfocada en reuniones como cristianos. Sabíamos cómo reunirnos los domingos en la iglesia o en los grupos pequeños del miércoles, pero mi pregunta era, "¿cómo vivimos la vida?" El mensaje principal era amar a las personas, amar a Dios, y compartir las buenas nuevas de que Jesús murió por nuestros pecados para que podamos vivir eternamente con Él en los cielos. Eso era importante y alimentaba mi relación personal con Jesús, pero en la realidad de nuestras vidas en casa, tras las puertas cerradas, faltaba algo. No se nos dio ninguna visión o instrucción para qué hacer afuera de aquellas cuatro horas de la semana en reuniones, tratando de ser amable con las personas para ser buenos testigos de Jesús. Escuché a un rabí decir que la palabra *Torá* (los primeros 5 libros de la Biblia) significa, "instrucciones para una vida abundante." Me llamó la atención y me alegré de que Dios había dejado atrás un libro de instrucciones, porque yo le buscaba por respuestas.

Lo que observaba comenzaba a intrigarme, siendo inmersa en el mundo judío de mi suegra y diario vivir. Era como si ellos poseyeran un entendimiento y filosofía arraigada acerca de la vida que era consistente. Tenían algo más que una fe común, tenían cosmovisión, o lentes con los cuales miraban la vida y habitaban como tal. Lo que observé me dio un anhelo de aferrarme a lo que atraía a mi corazón.

Un día, mientras le ayudaba a Omi con sus

quehaceres en su sinagoga en Denver, me tocó. Entré a la tienda de regalos, compré lo que necesitaba y curiosamente tomé un paseo por el edificio. En un pasillo había una clase preescolar reunida y vi ancianos de la congregación leyendo libros a los niños. Noté una foto colgada en la pared llamada, "de generación a generación," representando el concepto de pasar la antorcha a los que vienen después de ti… ser responsables por ellos y permitiéndoles "apoyarse en tus hombros." Había un sentido de destino común a donde se aproximaban, y debían ayudarse uno al otro para llegar a ahí. A donde quiera que iba en el edificio sentí vida y comunidad. Nadie pasa su vida solo. Los ancianos son amados y los solteros son parte de familias. No es posible quedarse soltero por mucho tiempo; hay una ciudad llena de personas que se conocen en la comunidad judía y se comprometen a buscar parejas para sus hijos y nietos. Cuando se une la pareja todos son invitados a la boda, donde saben cómo alegrarse y celebrar juntos. En el futuro, en la circuncisión del bebé, la comunidad se reúne otra vez para celebrar con coros de *L'Chaim*, "¡Por la vida!" Cuando alguien muere, fielmente traen alimentos cada día, por 7 días, orando por quien está en luto. Ellos son más que una comunidad, son una familia, entrelazados con un mismo hilo por más de miles de años

Regresé al baño de damas y comencé a llorar. Sentía envidia. ¿De qué? Ellos son parte de algo más grande que ellos mismos, y como en generaciones antes de ellos, son unidos con una pega sin basarse en acuerdos sobre doctrinas de su fe; es mucho más profundo y adherido que eso. Sea conservador o reformado, ortodoxo o jasídico, son un pueblo unido que conoce su identidad, cómo vivir, y tener una visión de a dónde se encaminan. Son diferentes y aislados del mundo, pero al mismo tiempo, pueden participar plenamente en su redención. Yo quería ser parte de ellos y quería vivir como ellos, pero había algo que se me interponía; yo amaba a Jesús y Él no era invitado a aquí, lo cual significaba que yo no era invitada tampoco.

Tomé una decisión en el baño de damas aquel día. ¡Le dije a Dios que sentía envidia por lo que el pueblo judío tenía y me sentía confundida porque el Nuevo Testamento dice que la iglesia debe hacerles sentir celo! Claramente algo estaba mal, pero tomé mi decisión y le dije a Jesús que prefería tenerle a Él... pero sería maravilloso si hubiera una manera de tenerle a Él y estas cosas. Dejé la sinagoga sabiendo que si no encontraba la vida que había experimentado y anhelado por ese día...Él era suficiente. La persona de Jesús no podía negociarse. Él era el centro de mi mundo y no estaba dispuesta a ir a ninguna parte sin Él. Pero sentía el conflicto de la envidia experimentada y me provocó insistirle hasta que me dio unas respuestas. ¿Cuál es la visión misteriosa y el sentido de destino que el pueblo judío lleva en sus almas? Tenía que saberlo. Dios usó al *Rabí* Irvin Greenberg para responder mi pregunta.

# Mandato de Redención Judío

En este libro, *The Jewish Way* (La Senda Judía), *Rabí* Greenberg dice, "El paradigma central de la religión judía es la redención." Luego dice que por los seres humanos ser hechos a imagen de Dios, cada persona es única y tiene valor igual e infinito. La mayoría de las personas a través de la historia han vivido vidas sin dignidad bajo pobreza y opresión, y el judaísmo afirma que esto será vencido algún día, y el paraíso será restaurado en la tierra. Greenberg dice,

> **"La religión judía se funda en la seguridad divina y la creencia humana en que el mundo será perfeccionado. La vida triunfará sobre sus enemigos: guerra, opresiones, hambre, pobreza, enfermedad y la muerte. Antes de nuestro fin, la humanidad logrará la realización total de la dignidad del ser humano. En la era mesiánica, la tierra se convertirá en paraíso y todo ser humano será reconocido y tratado como imagen de Dios. En un mundo de justicia y paz, con todos los materiales requeridos ya manejados, los humanos tendrán la libertad de establecer una armoniosa relación con la naturaleza, uno con el otro, con Dios." (pág. 18)**

Luego, *Rabí* Greenberg explica que su meta y visión de restaurar el mundo, de acuerdo con el Jardín del Edén, necesita ser llevado y practicado por una senda a través de la historia. Debía ser valorado y llevado a generaciones futuras para que el sueño de redención pueda mantenerse con vida. ¿Cómo puede conseguirse esto? *Rabí* Greenberg responde a esta pregunta:

> **"Mediante el estilo de vida y fiestas judías, la Torá busca nutrir el amor infinito y la fe interminable necesitada para sostener al pueblo hasta que se logre la perfección... De acuerdo con el judaísmo clásico, sólo Dios es la tierra divina de la vida, pero Él ha elegido a una compañera en el proceso de perfección. La meta final será lograda a través de la participación humana."**

En el fundamento de la senda judía se encuentra la fe que Dios ha pactado con el hombre para restaurar el paraíso en la tierra; para tener una morada una vez más en conexión cercana con hombres y mujeres, sin el mal ni la oscuridad. Su plan de redención comenzó primero con Noé en un pacto con la humanidad. Más adelante, Él escogió a un hombre, Abraham, e hizo un pacto con él diciendo, "Haré de ti una gran nación... y a través de ti todas las familias de la tierra serán benditas." (Gén. 12:2-3)

El evento crucial para el pueblo judío, y la tierra,

fue el Éxodo de Egipto; donde Dios tomó a una multitud de esclavos y los llevó a una montaña para entrar en un pacto nupcial (Éx. 19). Fue en el Monte Sinaí donde un reino de sacerdotes... su prometida... una nación santa, le fue dado un mandato a unirse a Él para redimir al mundo para que un día su trono pueda descender a la tierra. Ellos creen que todo judío, pasado, presente y futuro, estuvo en el Monte Sinaí y entraron en esta relación pactada para perfeccionar el mundo nacido con Él.

Uno de los mejores sermones que he escuchado fue predicado por un *Rabí* en una sinagoga en la Festividad de *Shavuot* (Pentecostés). Él le recordaba al pueblo que cada uno de ellos estuvo en el Monte Sinaí 3,500 años atrás y dieron un sí al llamado a la redención del mundo. La pasión por este mensaje le conmovía mientras les decía quiénes eran y cómo fallaban en vivir sus vidas de acuerdo con este encargo privilegiado que les fue dado. El salón estaba en silencio y seriedad por la convicción solemne que descendió como una densa nube. El *Rabí* se postró en lágrimas mientras la congregación salía de la habitación. Unos días después, hice algo como mujer 'Gentil' de lo cual me arrepentí. Pregunté si él tenía grabaciones de ese mensaje de *Shavuot* para escucharle otra vez. Él me miró desconfiado, y dijo, "¿Grabaciones? Nosotros no grabamos aquí. Ese mensaje fue en vivo para ese momento en el tiempo."

La visión y meta de la redención es el tema y filosofía central que corre a través de toda la vida judía. En el famoso Sermón del Monte en Mateo 5-7, Jesús le recuerda, a los judíos presentes en aquel día, su llamado y mandato, y cómo deben vivir llevando la antorcha de redención. Él dice,

> *"Ustedes son la sal de la tierra; pero si la sal se ha vuelto insípida, ¿con qué se hará salada otra vez? Ya para nada sirve, sino para ser echada fuera y pisoteada por los hombres. Ustedes son la luz del mundo. Una ciudad situada sobre un monte no se puede ocultar; ni se enciende una lámpara y se pone debajo de un almud, sino sobre el candelero, y alumbra a todos los que están en la casa. Así brille vuestra luz delante de los hombres, para que vean tus buenas acciones y glorifiquen a tu Padre que está en los cielos." (Mt. 5:15-16)*

## LECCIONES DE *TIKUN OLAM* EN UN FUNERAL JUDÍO

Vi esta filosofía de redención entretejida en mucho de la vida judía. Se le llama *tikun olam*, en otras palabras, "reparando el mundo." La vida siempre triunfa sobre la muerte; la luz siempre quita la oscuridad, todo y aquellos quebrantados, y atados serán sanados y puestos en libertad. Si una procesión fúnebre y nupcial se encuentran en una intercesión, la boda irá primero porque la vida precede a la muerte. Si ocurre una tragedia, no te vuelves una víctima, te levantas, reconstruyes o te redimes. Si el mal se manifiesta, "No maldices a la oscuridad, enciendes la luz." (Greenberg, _The Jewish Way_, pág. 156).

Pude observarlo cuando asistí a mi primer funeral judío por la muerte del padre de John. El servicio fue justo al lado de la tumba y los dolientes estaban allí. Seis hombres judíos llevaron el sarcófago de pino simple con la estrella de David esculpida encima. Todos comenzaron a llorar, otros sollozaron. El hombre a mi lado era un amigo cercano y pupilo en la casa de mis suegros. Él sollozaba, e inconscientemente hice otra falta que no es considerada _kosher_; me acerqué y toqué su brazo para consolarlo. ¡Uno no debe hacer eso! La biblia dice en **Eclesiastés 3:4**, que hay un tiempo para todo, **_"hay tiempo para llorar, tiempo para reír, tiempo para sollozar y tiempo para danzar..."_** Este era un tiempo para llorar. Muestras tus emociones por un tiempo. Si no lo haces, los acumulas adentro, lo cual no es saludable. Automáticamente, traté de confortarlo porque me sentía incomoda con la expresión de emociones que nunca se me enseñó a valorar. Ofendí al hombre por consolarle antes de culminar el luto y empujó mi mano de su manga y dijo, "¡Por favor, no hagas eso!"

Leyeron escrituras proclamando la bondad de

Dios después de honrar la muerte de mi suegro, pusieron un poco de tierra de Israel encima del ataúd, y uno por uno, amigos y familia se acercaban y echaban un poco de tierra en la tumba. Estuvieron juntos en la vida, y ahora la muerte les había separado. La familia mantiene luto por 7 días con amistades ocupándose de sus necesidades y alimentos, orando con ellos diariamente. Luego, al séptimo día, el enlutado (en este caso, la madre de John), se levanta, lava su rostro, se viste, y camina por la cuadra y escoge la vida. El tiempo de luto se ha terminado y aunque la tristeza está ahí todavía, proclamas escoger la vida otra vez. ¡La vida siempre triunfa! Si usted no toma una decisión intencional de continuar viviendo, la depresión se apodera y la muerte no solo toma a su ser querido, lo tomará a usted también. Los judíos tienen un mandato de vivir, reconstruir, y nunca permitirle al enemigo que triunfe, para que las generaciones venideras puedan elegir la vida también.

## ESCOGIENDO VIVIR COMO REDENTORES CADA DÍA

Nuestra vida no nos pertenece. No tenemos el lujo de renunciar. Vivimos por aquellos que son parte de nuestras vidas y por los que vendrán después. Somos una comunidad de redentores. Dios dejó instrucciones de cómo vivir. Seguimos hacia adelante, continuamos viviendo, y ¡continuamos proclamando la visión, al final triunfamos! Para llegar a la meta final del paraíso restaurado y Dios reinando como Rey sobre toda la tierra, cada generación debe "jugar bajo las reglas" y vivir como redentores para llevar la antorcha a la próxima generación. Debemos vivir nuestras vidas de manera que cuando muramos, el mundo y las personas que tocamos estén en mejor postura de la que estaban antes.

Jesús fue el perfecto ejemplo vivo del *Tikun Olam*. El libro de Hechos dice,

> *"El mensaje que Él envió a los hijos de Israel, predicando paz por medio de Jesucristo, que Él es Señor de todos; ustedes mismos saben lo que ocurrió en toda Judea, comenzando desde Galilea, después del bautismo que Juan predicó. Ustedes saben cómo Dios ungió a Jesús de Nazaret con el Espíritu Santo y con poder, el cual anduvo haciendo bien y sanando a todos los oprimidos por el diablo; porque Dios estaba con Él." (Hch. 10:36-38)*

Nuevamente, *Mt. 9:35,* dice, *"Y Jesús recorría todas las ciudades y aldeas, enseñando en las sinagogas de ellos, proclamando el evangelio del reino y sanando toda enfermedad y toda dolencia."*

Debemos entrar en comunión con Jesús cada día

y preguntarle, "¿A quién llevaremos redención el día de hoy? ¿A quién vamos a dar aliento? Dame oportunidades para '"hacer el bien'.'" Algunos días, Él permitirá que hagamos cosas mayores, pero hasta una sonrisa que le dice a alguien que tú les valoras, puede traer sanidad a un corazón cargado. Estamos en comunión con Él y tenemos la tarea de llevar sal, luz y vida a donde quiera que vayamos. Entonces cuando nos reunamos podemos alegrarnos y exhortarnos con los testimonios de cómo un Dios viviente tocó corazones y tuvimos el privilegio de estar en comunión con Él en el proceso. A menudo, el Cuerpo de Cristo se entrelaza teniendo las mismas doctrinas y entrando en acuerdo en los mismos problemas, pero cuando hay un desacuerdo nuestros lazos con ellos tristemente se rompen. Los judíos tienen un lazo fuerte pues, como pueblo, tienen la misma historia profética... los mismos enemigos que les odian a donde quiera que van... el mismo mandamiento entregado en el Monte Sinaí... y un pacto nupcial al cual juntos dijeron "Sí" lo cual puede ser ignorado, pero nunca puede ser roto. Aceptaron la responsabilidad de elegir la vida y llevar vida a donde puedan llevarla. Son parte de una marcha continua hacia el día en que el paraíso sea restaurado, y la vida de cada persona es una oportunidad para añadir una pequeña parte en el proceso hasta lograr la visión de la redención final. Esta es la encomienda judía de "reparar el mundo" a la cual hemos sido injertados. Esta es nuestra herencia como creyentes de un Mesías judío.

*"Ahora bien, las promesas fueron hechas a Abraham y a su descendencia. No dice: y a las descendencias, como refiriéndose a muchas, sino más bien a una: y a tu descendencia, es decir, Cristo. Y si son de Cristo, entonces son descendencia de Abraham, herederos según la promesa." (Gál. 3:16, 29)*

# ANHELANDO LA REDENCIÓN FINAL

Me emociona ser parte de este gran plan de redención. Me sentía insatisfecha con mi perspectiva limitada del cielo y por lo que vivíamos, antes de descubrir mis raíces hebreas. Estaba agradecida por lo que Jesús había hecho por mí, viniendo a la tierra, muriendo por mis pecados para que yo pudiera vivir en la eternidad con Él, pero anhelaba algo más que aún no comprendía. No tenía visión por el presente ni la eternidad, más allá de cómo me beneficiaba. Anhelaba ser parte de algo más grande que yo. Cuando mi corazón comenzó a conectarse con la historia de amor en las fiestas judías vi un destello de la verdadera recompensa en la historia del evangelio. No se trata primeramente de nosotros ni lo que recibimos. ¡Se trata de Él y lo que ha anhelado, angustiado y sufrido los últimos 6,000 años! Perdió una Esposa y el lugar donde planeaba reinar con ella. ¡Recibimos el honor y privilegio de entrar en comunión con Él para restaurar, sanar la humanidad y reparar al mundo con Él para que el trono del Padre venga a la tierra! Somos su porción, su tesoro, su herencia. ¡La recompensa de su sufrimiento es ver a su Esposa adornada y perfectamente preparada para su Esposo, quien descenderá de los cielos aquel día (Ap. 19, 21)! Creo que dentro de nuestro espíritu todos anhelamos más que el cielo, y la escritura testifica que esto es cierto.

*"Porque el anhelo profundo de la creación es aguardar ansiosamente la revelación de los hijos de Dios. Porque la creación fue sometida a vanidad, no de su propia voluntad, sino por causa de aquel que la sometió, en la esperanza de que la creación misma será también liberada de la esclavitud de la corrupción a la libertad de la gloria de los hijos de Dios. Pues sabemos que la creación entera a una gime y sufre dolores de parto hasta ahora. Y no sólo ella, sino que también nosotros mismos, que tenemos las primicias del Espíritu, aun nosotros mismos gemimos en nuestro interior, aguardando ansiosamente la adopción como hijos, la redención de nuestro cuerpo." (Rom. 8:19-23)*

En lo profundo de nuestra alma hay un anhelo por la venida de Dios, para que todo sea hecho bueno. Anhelamos que todo el mal y el sufrimiento sea vindicado y removido, y que reine la bondad, la seguridad y la paz. A todos nos fascina los finales donde el héroe triunfa y todos viven felices por siempre. Lo anhelamos porque Dios así lo quiere y desde el momento cuando perdió todo en el Huerto del Edén, inició un plan para obtenerlo todo de vuelta. El proyecto de este plan de redención se encuentra en las festividades bíblicas de Levíticos 23. Le entregó los festivales a su pueblo para mantener con vida su sueño y visión para que puedan creer y esperar en ella a través de una historia de opresión constante, sin desanimarse. Rabí Greenberg dice esto:

**"Por una magnífica gracia divina y por las diferencias peculiares de sus historias, un pueblo... los judíos... se han vuelto la clave para la realización de un mundo perfecto... ¿Cómo se puede inspirar a un pueblo con la visión de la perfección final? ¿Cómo puede suplirse la fuerza para perseverar por milenios en la senda a la redención sin traicionar los principios? La clave se encuentra en la senda judía, el 'halalcha,' y sus herramientas pedagógicas principales; el calendario y las festividades judías."**

*The Jewish Way*, pág. 20

## GOEL / REDENTOR

El pueblo judío siempre ha comprendido que esta redención final sería realizada con una figura mesiánica, o por la venida del "Ungido." Él sería su *Goel* o Redentor, quien pagaría el precio por su redención (Vea el **Apéndice G**). Cada tribu, en el antiguo Israel, tuvo un *goel*. Si ocurría un infortunio o si un miembro de una tribu cometía un crimen inadvertidamente y era encarcelado por otra tribu, el *goel* pagaría el precio o la fianza, para que la persona pudiera ser redimida y fuera libre. Vemos un ejemplo de esto en el libro de Rut cuando Booz se vuelve Redentor, un *goel*, por la herencia de Noemí contrayendo matrimonio con Rut, preservando su linaje. La futura venida del *goel* para la nación y toda la tierra ha sido proclamada como una oración por años. Dice, **"Creo, con perfecta fe, en la venida del *mashiach* (Mesías), y aunque demore, esperaré en Él cada día"** (*Ani Ma'amin*, de los 13 principios de la fe de *Rambam*).

Este experto lo explica más profundamente:

> **"Creer en la futura venida del *mashiach* es una parte fundamental y básica del judaísmo tradicional... En la oración de *Shemoneh Esrei*, recitada 3 veces al día, oramos por todos los elementos del *mashiach* venidero: reunión de los exiliados, restauración de las cortes religiosas de justicia; el fin de la perversidad, el pecado y la herejía; la**

recompensa para el justo; la reconstrucción de Jerusalén; restauración del linaje del rey David; y la restauración del servicio del Templo." Judaísmo 101, el Mesías, www.jewfaq.org

A través de la historia, los judíos comprendieron que la venida del Mesías sería Dios vestido de carne; esta idea era insondable para ellos. La encarnación es insondable para nosotros como creyentes y aún así sabemos que es cierto. ¿Cómo podemos comenzar a aceptar la idea acerca de Dios amando a su Esposa tanto como para enviar a su Hijo, a imagen de carne pecaminosa, para ser uno con nosotros? Vieron que era el elegido, ungido, un líder altamente carismático y libertador como Moisés. En *Dt. 18:18,* Dios le dice a Moisés, *"Un profeta como tú levantaré de entre sus hermanos, y pondré mis palabras en su boca, y él les hablará todo lo que yo le mande."*

## DOS CONCEPTOS DEL MESÍAS

Los judíos siempre han visto dos conceptos diferentes en la escritura acerca del Mesías. Porque estudiaron, leyeron a través de los capítulos cada año, y leyeron porciones semanales cada *Shabat*, familiarizados con las profecías acerca de su futura venida. Vieron a aquel, a quien llamaron "Varón de Dolores" o el Mesías *ben* (Hijo de) José también conocido como "Hijo de hombre." Las escrituras que lo presentan de esta manera son las siguientes: Dn. 9:26; Zac. 9:9; Zac. 12:10; Isa. 40-53, (Vea especialmente a Isa. 53:13-15 y 53:2-9); Sal. 22. También observaron al "Rey Conquistador" como el Mesías *ben* (Hijo de) David. Algunos ejemplos de este concepto se encuentran en los siguientes versículos: Isa. 63-66; Jer. 23:5-6; Zac. 14:1-4, 9; Sal. 2:6-8. En el siglo 1, en los tiempos de Jesús, hubo una expectativa alta del Mesías venidero. En el centro del judaísmo se creía que cuando llegara este "Ungido" establecería el reino de Dios en la tierra y culminaría la opresión de parte de imperios inconversos. Leyeron escrituras acerca del Varón de Dolores, pero les era difícil aceptar su significado en medio de los eventos mundiales a su alrededor. La historia de los judíos trata de persecución y opresión, así que, en los tiempos de Jesús, su enfoque principal era buscar al Mesías Rey Conquistador quien se ocuparía de sus enemigos, establecería su reino, y gobernaría desde Jerusalén. Cuando los teólogos judíos observaron los 2 conceptos del Mesías encontrados en la escritura, discreparon. Uno fue despreciado, perseguido, manso y humillado; mientras el otro era poderoso, ungido para aplastar al enemigo y líder en el siglo de oro mesiánico en Israel. No supieron cómo reconciliar estas figuras mesiánicas completamente opuestas. El siguiente experto del *Midrash* (comentario judío de la *Torá*), hizo este comentario acerca de los dos conceptos del Mesías:

"Y cuando lleguen los días del Mesías, <u>Gog</u> <u>y Magog</u> vendrán en contra del Señor de Israel, porque escucharán que Israel no tiene Rey y aguarda confiada. Instantáneamente, llevarán con ellos 71 naciones dirigiéndose hacia Jerusalén, y dirán, "El Faraón fue un tonto al ordenar que los varones [israelitas] fueran asesinados dejando con vida a las mujeres. Balaam fue un idiota por querer maldecirles sin saber que Dios les había bendecido. Amán estaba loco de remate por buscar matarlos, sin saber que su Dios puede salvarles. Yo no haré como estos, sino que pelearé contra su Dios primero, y después los mataré..." Y el Santísimo, bendito sea, le dirá; "¡Perverso! ¿Haces guerra contra Mí? ¡Haré guerra contra ti por tu vida!" Al instante, el bendito Santísimo, hará caer granizos, escondidos en el firmamento, y hará venir una gran plaga sobre él... Y después de este, se levantará otro rey, perverso e insolente, y hará guerra contra Israel por tres meses, su nombre es <u>Armilus</u>. Y estas son sus marcas; será calvo, uno de sus ojos será más pequeño que el otro. Su brazo derecho será tan largo como una mano... Y subirá a Jerusalén y matará al <u>Mesías *ben* José</u>... Después vendrá el <u>Mesías *ben* David...</u> Y él matará al perverso Armilus... Luego, el Santísimo, bendito sea, reunirá a Israel quien está disperso aquí y allá."

Con esta cita podemos ver su conclusión acerca de la venida de 2 figuras mesiánicas, lo cual más adelante explica la pregunta que Juan el Bautista le preguntó a Jesús cuando estaba en la celda por causa de Herodes: *"¿Eres tú el que ha de venir, o esperamos a otro?" (Lc. 7:19).* Juan el Bautista no dudó que Jesús era el Mesías, solo preguntaba, "¿Cual de los dos eres? ¿Eres el 'Varón de Dolores' o el 'Rey Conquistador'? ¿O a caso vienes a cumplir todas las escrituras acerca de ambos en este tiempo?" Juan quería que Jesús le dijera si en ese tiempo Él venía a conquistar o si posiblemente vendría a morir en manos de Herodes. ¡Su razón personal por una respuesta era valida para saber cual era el plan!

En los días de Jesús, muchos judíos no captaron el tiempo de su visita. Se habían enfocado en política concerniendo a Israel y desligarse del régimen romano, sin darse cuenta de que la verdadera libertad que Jesús llevó en su primera venida fue la sanidad para corazones muertos mirando el amor del Padre demostrado en su Hijo. Aun sus discípulos quienes sabían que Él era el Mesías fueron segados ante el Varón de Dolores, confundidos y desalentados cuando Él fue colgado en la cruz. Jesús habló de esta confusión cuando dos varones expresaron su desilusión porque tenían que poner toda su esperanza en la certeza de una doctrina que percibía a Jesús como su Rey

Conquistador, camino a Emaús. Jesús les dijo,

> *"¡Oh insensatos y tardos de corazón para creer todo lo que los profetas han dicho! ¿No era necesario que el Cristo padeciera todas estas cosas y entrara en su gloria?"*
>
> Lc. 24:25-26

También, en **Hechos 3:18** dice,

> *"Pero Dios ha cumplido así lo que anunció de antemano por boca de todos los profetas: que su Cristo debería padecer."*

Como creyentes nuevo-testamentarios estamos en peligro de cometer el mismo error de desaprovechar sus citas. Podemos ver claramente el Mesías-siervo que Jesús cumplió ser en su 1ra venida. El problema es que, si lo abandonamos en la cruz para siempre, su misión y redención se verá totalmente diferente. Cuando un rey de Israel cabalgaba a Jerusalén en un pollino anunciaba paz; cuando cabalgaba en un caballo blanco anunciaba guerra. Hemos visto el Varón de Dolores, el Rey Jesús cumplido por esta escritura:

> *"Regocíjate sobremanera, hija de Sion. Da voces de júbilo, hija de Jerusalén. He aquí, tu Rey viene a ti, justo y dotado de salvación, humilde, montado en un asno, en un pollino, hijo de asna." (Zac. 9:9)*

Aún no hemos visto al Rey Jesús Conquistador quien vendrá otra vez para cumplir la escritura en *Ap. 19:11,*

*"Y vi el cielo abierto, y he aquí, un caballo blanco; el que lo montaba se llama Fiel y Verdadero, y con justicia juzga y hace la guerra. Sus ojos son una llama de fuego, y sobre su cabeza hay muchas diademas, y tiene un nombre escrito que nadie conoce sino Él. Y está vestido de un manto empapado en sangre, y su nombre es: El Verbo de Dios."*

Las personas siempre preguntan, "¿Por qué la mayoría de los judíos no captaron a Jesús como su Mesías?" Porque tenían la percepción incorrecta de Aquel a quienes buscaban. Un varón mutilado, derrotado, humillado y muriendo en una cruz romana no era el Rey de sus expectativas teológicas. Ellos buscaban el Rey de Apocalipsis 19 en un caballo blanco con fuego de justicia en sus ojos, anunciando guerra contra sus enemigos. Como resultado, desaprovecharon el "tiempo de la visitación." Como nuevas criaturas, nosotros aceptamos al Mesías que ellos desecharon; ¿pero sería posible que desaprovechemos el tiempo de su 2da visitación porque nos ofendimos con el Hombre con mantos manchados de sangre, cuando los judíos reciban al Mesías de Apocalipsis 19 al cual han estado esperando por siempre? Es algo serio para considerar.

# DOS TEMPORADAS AGRÍCOLAS

Otra pista que Dios dejó para ver estas dos venidas del futuro Mesías se encontraba en 2 temporadas agrícolas en la tierra de Israel. Dios le dijo a Moisés en Levíticos 23 que Él tiene siete festividades en el transcurso del año que Él quiere celebrar con su pueblo. Las primeras 4 ocurren en el tiempo de la Cosecha de Primavera, conocidas en Israel como las lluvias tardías. Estas son:

- **La Pascua**
- **Fiesta del Pan sin Levadura**
- **Fiesta de las Primicias de la Cosecha de Cebada**
- **Fiesta de Semanas conocidas como *Shavuot***

Estas son las fiestas que el Varón de Dolores, Jesús, cumplió en su 1ra visita en la tierra. La cosecha principal cultivada es, la cebada y después el trigo. Cuando usted ve estas cosechas mencionadas en la Biblia, ¡son pistas que señalan hacia cosas específicas que ocurren en esa temporada de primavera! ¡Es muy significante que Rut llegó con Noemí a Belén de Judá en la cosecha de cebada! Explicaré el por qué más adelante en otro capítulo…Solo quiero llevar su atención al hecho que aun las cosechas mencionadas en un versículo están apuntando a algo muy importante.

Las últimos tres festividades ocurren en el tiempo de la cosecha de otoño, conocida como las lluvias tempranas. Estas son:

- **Fiesta de las Trompetas**
- *Yom Kippur* **"Día de la Expiación"**
- **Fiesta de los Tabernáculos**

Vea un historial de ambas fiestas de primavera y otoño eche un vistazo al **Apéndice B y C.**

Las cosechas asociadas en esta temporada son principalmente frutas, olivas, y uvas. Comenzará a notar muchas escrituras mencionando la cosecha de uvas y muchas veces es una referencia a cosas específicas que Jesús hará durante el tiempo de la Cosecha de Otoño que habla de su 2da venida como Rey Conquistador. Hay un versículo muy interesante en *Os. 6:3* el cual es otra pista para revelar el misterio de cuándo vendrá el Mesías:

*"Conozcamos, pues, esforcémonos por conocer al Señor. Su salida es tan cierta como la aurora, y Él vendrá a nosotros como la lluvia, como la lluvia de primavera que riega la tierra."*

¿Lo captaste? ¡El Mesías vendrá durante las

lluvias tempranas en la primavera y las lluvias tardias en otoño! Dos manifestaciones que Él cumplirá cuando llegue… será el Varón de Dolores y el Rey Conquistador… Primero, el Varón de Dolores llegará en la cosecha de primavera, y después regresará otra vez como el Rey Conquistador durante la cosecha de otoño… y agua (trae vida a) la tierra. Los detalles se vuelven más específicos en cuanto a las pistas de su venida y los detalles de qué Él hará cuando regrese. Jesús tiene un libro de compromisos y las citas que Él prometió cumplir están escritas en el calendario hebreo lunar. Quiero que usted lo vea con sus propios ojos, así que abra su corazón a Levíticos 23. Es el capítulo en la Biblia que sostiene el plan divino de toda nuestra redención judía… por Israel, la Iglesia, y el mundo entero.

# UNA MIRADA A

# LEVÍTICO 23:2

Mientras lee los siguientes versículos, quiero que usted note algunas palabras y frases importantes. Primero, quiero que usted enfatice en su biblia las dos palabras en el versículo 2 que dicen, "Estas son las fechas especialmente dedicadas al Señor." Él no dice que son festividades judías, aunque el pueblo judío las ha celebrado fielmente por miles de años.

Lo próximo que quiero que usted enfatice es la palabra "festividad" mencionadas 2 veces en este versículo. La palabra en hebreo es *moed*, y significa "cita" o "tiempo señalado." *Lv. 23:1-2* dice,

*"Habló el Señor a Moisés, diciendo: Habla a los hijos de Israel y diles: "Las fiestas señaladas del Señor, que vosotros habréis de proclamar como santas convocaciones."*

Ahora, observe *Gn. 1:14,*

*"Entonces dijo Dios: Haya lumbreras en la expansión de los cielos para separar el día de la noche, sean para señales, para estaciones, para días y para años"*

¡La palabra "temporadas" en este versículo es la misma palabra hebrea usada para "festividades" en Levítico 23! ¡Es *moed*, o "cita"! La palabra hebrea para "señales" es *owth*, definida como "señal." Realmente, en otras palabras, es muy interesante lo que dice Génesis 1:14. ¡Dice que el sol y la luna fueron hechos para señalar los tiempos, señalados en los que Él vendría a la tierra!

¡En Levítico 23:2, Dios está diciendo que Él tiene citas en su agenda y esas citas son presentadas en sus festividades! Veamos la próxima palabra interesante en Levítico 23:2, "convocación santa." Es la palabra hebrea *miqrah* la cual significa "práctica" o "ensayo general." Así que lo que Dios dice a su pueblo es que las festividades en Levítico 23 se encuentran en la agenda que Él cumplirá, y no solo quiere que sepan lo que son, quiere que las celebren, que las observen, y que las practiquen como un ensayo general antes de la gran reproducción para que cuando sea el tiempo del evento futuro en vivo... ¡NO NOS LO PERDAMOS!

El hebreo se aprende con los sentidos. Cuando un niño o niña judío comienza a aprender la *Torá*, el maestro pone miel en sus lenguas para recordarles que la palabra de Dios es dulce. En *1 Jn. 1:1*, dice,

*"Lo que era desde el principio, lo que hemos oído, lo que hemos visto con nuestros ojos, lo que hemos contemplado, y palparon nuestras manos tocantes al Verbo de vida."*

El aprendizaje griego es mayormente cerebral. Es aprender conceptos mediante el razonamiento para formar conclusiones lógicas. El aprendizaje y pensamiento hebreo involucra los sentidos y emociones tanto como sus mentes. Los judíos bíblicos no pensaban solo en la verdad, la experimentaban. Vivían en la verdad viviéndola en vez de hablarla y analizarla. Dios quiere que hagamos más que aprender hechos acerca de las festividades; quiere que las celebremos y experimentemos para recordarle a nuestro corazón quién es Él. (Recomiendo el libro de Marvin Wilson, *Our Father Abraham* (Nuestro Padre Abraham) para un estudio rico en el entendimiento del pensamiento judío.).

Otra palabra hebrea para considerar es su estudio de vocabulario es *quarah* que se traduce al inglés como "proclamar." **Lv. 23:4** dice,

**"Estas son las fiestas solemnes de Jehová, las convocaciones santas, a las cuales convocarán en sus tiempos."**

Realmente, la palabra "convocar" en este versículo significa 'detener', pedir que vengan o invitar. Esto es mencionado en **Mt. 22:3-4** cuando Jesús:

**"…envió a sus siervos a llamar a los convidados a las bodas; mas éstos no quisieron venir."**

Dios está invitando a su pueblo a celebrar sus festivales, que son sus citas en su agenda. Quiera que las ensayemos y las experimentemos como una comunidad yendo juntos en una misma dirección…porque todos tienen una misma imagen de Él, y claves de cómo Él regresará a la tierra para reclamar a su pueblo y el lugar que escogió para habitar.

Estas festividades de primavera fueron establecidas en Levítico 23 y los hijos de Israel debían guardarlas por siempre para recordar lo que Dios hizo por ellos y lo que haría en el futuro. La realidad maravillosa por la cual debemos detenernos por completo y tomar en cuenta es: ¡el patrón que estaban practicando año tras año para conmemorar su rescate dramático de Egipto grabado en Éxodo 12 al 19 se repitió perfectamente cuando Jesús descendió a la tierra! Mientras ensayamos esta historia juntos en el Capítulo 5, veremos su romance divino escondido en los evangelios donde se desenvuelve el plan acerca de un Rey Esposo celestial que vino a redimir, o reclamar a su Esposa. Quiero mostrarte cómo Jesús siguió el patrón antiguo de una boda judía antigua, pagando con su propia sangre por su Esposa, otorgó el regalo del Espíritu Santo y ahora está preparando un lugar para llevarla cuando regrese una vez más como Rey Conquistador. ¡Él la vindicará con su misericordiosa justicia mientras trata con todos sus enemigos y restaura la tierra de acuerdo con el paraíso una vez más!

En el próximo libro, ***Velando y Esperando: Descubriendo a Jesús en las Festividades de Otoño***, veremos el patrón de las festividades de otoño que se encuentra en Levítico 23, también practicado por Moisés en el libro de Éxodo en los capítulos 19 al 40. ¡Es una ojeada gloriosa de lo que Jesús cumplirá en su segunda venida! ¡Tenemos que repasarlo como un guion épico y si todo lo que vemos es la mitad de la película de su primera venida como el Mesías Varón de Dolores, nos perderemos del gran final de Él obteniendo la recompensa de su sufrimiento! ¡Jesús pagó el precio por su Esposa (todos los que creen en Él) y dejó instrucciones para que velemos y esperemos por Él para que regresemos porque un día habrá una boda! Un día vendrá para que su corazón se regocije y se alegre. Antes de morir, Él vio este día en el futuro, y ***"por el gozo puesto delante de Él sufrió la cruz..."***

*(Heb. 12:2)*

En el último libro de la Biblia, una Esposa enamorada, anhela que Él regrese y un Rey magnifico, ¡ataviado en vestimentas de boda desciende en respuesta! (Lea Ap. 22:17). Los judíos buscan un Rey que luche y gane la última batalla por ellos, y que Él los vindique de sus enemigos para que puedan gobernar la tierra a su lado. Como cristiana, solía estar satisfecha con un salvador que murió por mis pecados para que yo pueda vivir con Él en el cielo por siempre. Ambos puntos son buenos, pero no alcanzan la gloria de la historia que Él tuvo en su corazón desde el comienzo de los tiempos. Él es el centro de esta historia. Es su corazón quien ha sido desechado, olvidado, traicionado, burlado, y aplastado por 6,000 años. Cuando entregamos nuestro egocentrismo del qué-ganaré-con-esto y nos conectamos con sus emociones, hace que nuestros corazones ardan hasta que Él obtenga lo que siempre ha anhelado y lo que justamente merece. Él se vuelve un Varón de Dolores para hacer perfecta a su Esposa y compatible con su santidad. Se vuelve un Rey Conquistador para vindicar su corazón y el suyo, limpiar la tierra de la maldad y tener un lugar para habitar una vez más con los que Él ama. ¡No en los cielos…sino en la tierra!

Dios se une a su Esposa pactada para traer *Tikun Olam*. Envió el *Goel* / Redentor para cumplir este plan. ¡Lo enviará una vez más para consumarlo! ¡La manera para vivir en esta visión y realidad es proclamarla y practicarla, para tener un encuentro personal con esta realidad semanal y anualmente, mientras habitamos en Él de acuerdo con su calendario, celebrando sus fiestas con Él! ¿Cómo hacemos esto? Paso a paso. No pude comenzar esta jornada por mí misma hasta que sentí la convicción. Me encontraba en una búsqueda para conocerle, y si hubiera sido una distracción aprender las raíces hebreas de mi fe, no hubiera continuado solo por encontrar conocimiento interesante. ¡Continué buscando porque Él me buscó! Mi reto es, que escribiendo este libro pueda compartir mis revelaciones, testimonios y encuentros junto a otras enseñanzas fundamentales en el conocimiento de su amor por ti, ardiendo con un amor por Él que no se pueda apagar. Uno de los caminos que debes tomar para llegar es teniendo un encuentro con Él en las fiestas de Dios. El *Rabí* Greenberg dice,

**"El judaísmo es la senda judía para llevar la humanidad del mundo de ahora, al mundo de la perfección final. Para llevar de aquí a allá, usted necesita la meta y un proceso para continuar por el largo botín de la historia. En el judaísmo, las fiestas suplen a ambos." -** ***The Jewish Way*, pág. 24**

Le invito a enamorarse de Levítico 23 como "Él le llama a venir," ¡para que Él pueda llevarle en una jornada de revelación y encuentro que lleva a una recámara nupcial! Esto no es un cuento de hadas. Es real, y sí, tiene un final que culmina viviendo "felices para siempre."

*"Porque tu marido es tu Hacedor; Jehová de los ejércitos es su nombre; y tu Redentor (Goel), el Santo de Israel; Dios de toda la tierra será llamado." (Is. 54:5, parafraseado.)*

# ~ Capítulo 3 ~

## La piedra de la que fuiste cortado

*- Is. 51:1*

*"Y si ustedes son de Cristo, ciertamente son linaje de Abraham, y herederos según la promesa." Gál. 3:29*

Creo que estamos viviendo en un tiempo de la historia de la iglesia en donde Dios quiere revelarnos nuestra rica herencia que Pablo alude en **Ro. 11:17**. Pablo dice a los creyentes gentiles, *"...fuiste injertado entre ellas y fuiste hecho participante con ellas de la rica savia de la raíz del olivo."* Por años, muchas veces leí este versículo sin preguntarme, ¿a qué se refiere Pablo cuando dijo que los gentiles son "injertados"? Recientemente, cuando compartía en un grupo, les hice esta misma pregunta, curiosa por saber cuáles serían sus respuestas. Muchos, como yo, nunca habían pensado profundamente en esto. Había un acuerdo general entre el grupo comprendiendo que

Pablo decía que estábamos conectados a una raíz judía pero lo que esto realmente significaba para ellos no estaba definido. Hablamos un poco acerca de qué eran nuestras impresiones del judaísmo en general, y me di cuenta de que, para la mayoría de los cristianos, el judaísmo es una religión misteriosa con rituales que parecen ser tediosos y anticuados. Automáticamente sumamos sus creencias en el dicho empático, *"Los judíos están bajo la ley y nosotros bajo la gracia."* Una manera meticulosa y organizada de descartar su relevancia y para distanciarnos de su "perspectiva legalista" de Dios y la vida. Pero esa conclusión nos presenta un problema. Pablo dice que hemos sido injertados y nos hemos vuelto uno con ellos mediante Jesús. ¡Además, sus raíces y todo lo que contiene nos apoya y nos trae vida! Así que, si esto es verdad, y Jesús vino a darnos vida abundante y hacernos libres, ¿por qué habría Él de injertarnos a un árbol muerto, viejo y sin vida?

¡Como cristianos, tenemos una fobia irracional cada vez que nos mencionan algo judío, pensando que seremos encadenados a una lista extraña de leyes y que nos harán usar capas y sonar el *shofar*! ¡Entiendo que muchas expresiones del judaísmo mesiánico llevan un espíritu religioso que se impone, pero no deberíamos echar las perlas a los cerdos! Debemos creer que hay algo vital, educativo, que trae vida en esa raíz antigua que el enemigo nos ha robado y "tergiversado," como él hace, para impedir que entremos en esa identidad injertada. Romanos 11 es una barricada. Lo tenemos de frente y no debe ser reducido al mínimo, ni ignorado más. Comprendo la resistencia. Comprendo que todo es "complicado" y es más fácil pasar de puntillas alrededor del problema de cómo la crisis de identidad de los gentiles y judíos puede ser resuelta…pero es tiempo de que lidiemos con ella y tengo esperanzas de que mi historia te ayude a navegar a través de esta ciénaga de problemas y malentendidos. Romperé el peso de mi último párrafo con una historia cómica acerca de una experiencia en mi primera ceremonia judía…la circuncisión de nuestro hijo.

## MI PRIMERA CEREMONIA JUDÍA

Nuestro hijo, Benjamín nació en 1976. Éramos nuevos convertidos y en medio de nuestra intensa lucha con los padres de John como resultado de nuestra conversión. Mi suegra, Omi, tenía una misión en su mente; no dormiría hasta que yo me convirtiera en judía. ¡Ella era de 4 pies y 6 pulgadas de altura, pero era una persona imposible de tratar! ¡Había mirado a la cara a los guardias *nazis* de la prisión y les demandó que dejaran salir a su esposo de la cárcel por ese día y ellos la escucharon! Ella no se daba por vencida, y yo no me rendía. Mi concesión número uno fue estar en acuerdo con honrarles, tomando parte en sus días festivos y tradiciones.

Después del nacimiento de Ben, el tema de la circuncisión salió a la luz y los padres de John preguntaron si respetaríamos sus deseos haciendo un *bris* judío (circuncisión). Yo pensé, no habría problema, queríamos hacerlo de todas maneras, y qué importaba si lo hacíamos el primer día o el octavo día después del nacimiento, así que accedimos. ¡Por Dios! ¡Si tan solo hubiera sabido lo que accedimos, nunca lo habría aceptado! Un grupo de hombres de la comunidad judía visitó nuestra casa. Después, un hombre con una barba áspera en un traje negro apareció en la puerta cargando un bolso lleno de "instrumentos." Él era quien realizaría la circuncisión. Le pregunté a Omi, "¿Él es el doctor?" Ella dijo, "No, él es el *mohel*." Yo pregunté, "¿Dónde está el doctor?" Ella dijo, "No necesitamos un doctor porque el *mohel* hace la cirugía." ¿Qué? Luego, los hombres y el *mohel*, fueron a la habitación de nuestro hijo y comenzaron a orar y cantar oraciones en hebreo. Lo que sucedió después me hizo caer en pánico. ¡Ataron a Ben a un tablón rústico que parecía como si hubiera sobrevivido tormentas! Esto era primitivo y bárbaro. ¿Dónde quedó la sala de procedimientos, limpia y estéril en el hospital con cortinas blancas y doctores de verdad con guantes de plástico? ¡Abandoné la habitación cuando "el instrumento," usado seguramente en los días de Abraham, fue sacado del bolso negro! Corrí al jardín posterior y me eché a llorar.

Luego aprendí el significado espiritual de esa

ceremonia y fui conmovida profundamente. Se practica de acuerdo a *Lv. 12:3: "Al 8vo día la carne del prepucio del niño será circuncidada."* Es interesante cómo en el 8ᵛᵒ día hay más vitamina K en el cuerpo que en cualquier otro día de tu vida. Esta es la vitamina que coagula la sangre; por tanto, aun en el nivel práctico, el octavo día era un momento lógico para un procedimiento quirúrgico. El bebé es llevado a donde se llevará a cabo la circuncisión; usualmente es en la sinagoga, y a veces en la casa. En la antigüedad se hacía en el templo. Luego, la madre entrega el bebé a dos "mensajeros," usualmente un hombre y una mujer, quienes lo bendicen, y lo llevan al *sandek*. Un *sandek* es un hombre justo, usualmente un abuelo o figura masculina importante de una familia. El *sandek* toma el rol sacerdotal y se sienta en lo que se conoce como la "Silla de Elías." Su trabajo es sostener al bebé y mantenerlo quieto para la circuncisión. Cuando el *mohel* mira el bebé aproximándose, él dice, *"Baruch ha ba,"* (Bendito es él que viene.). Después de completar la circuncisión, los hombres presentes como testigos oran lo siguiente: *"Que el bebé cumpla su relación pactada con Dios, que estudie la Torá para que tenga vida; que un día venga al dosel nupcial; y que sea un hombre justo haciendo buenas obras trayendo redención."* Se proclama el nombre del bebé, se ora por el vino y unas gotas de vino son puestas en la lengua del bebé.

Me pregunté si esta ceremonia antigua fue lo que ocurrió en Lucas 2:21-38, cuando María y José llevaron a Jesús al templo para ser circuncidado. ¿Fueron Simeón y Ana los "mensajeros" en la ceremonia quienes lo bendijeron y presentaron para la circuncisión? Recuerdo mi reacción como una madre primeriza, observando cómo mi hijo recién nacido pasó por este ritual antiguo, juzgándolo como primitivo y bárbaro, sin comprender de lo que se trataba. No trato de decir que todos los padres deben hacer pasar a sus hijos varones por un *bris* judío. Ese no es el punto. Lo que quiero decir es que lo que para nosotros es un procedimiento médico rápido en un hospital, puede ser un momento significativo para que una familia y la comunidad celebren la vida juntos e inviten al Espíritu Santo para que bendiga a nuestros niños con su presencia. ¿Es un tema del cielo o el infierno? ¿Debemos hacerlo? Por su puesto que no; pero es un ejemplo de la vida que se encuentra en esa raíz antigua de la cual nos hemos hecho partícipes.

## *ADOPCIÓN*

En vez del término "injertados," con el cual nos sentimos un poco insensibles y se ve más como un término teológico que práctico, pensemos en términos de ser adoptados. Años atrás, tomé una clase del Antiguo Israel y aprendí varias cosas fascinantes. La adopción fue uno de los temas que consideré muy importante para que los creyentes en Jesús comprendan. En el libro de *Roland de Vaud, Ancient Israel, Vol. 1* (Antiguo Israel: Vol. 1), él discute la idea de ritos de las tribus. Estos ritos eran guardados por varias de las tribus del desierto, incluyendo las tribus de Israel. La clave era sobrevivir porque los enemigos eran abundantes y si tu tribu era destruida, podías ser adoptado en una tribu más grande. Para hacer esto debías renunciar públicamente al nombre de tu tribu anterior, y después de hacerlo, no volvía a ser mencionada. Luego, tomas la sangre y el nombre de la tribu a la que te uniste, casi como si tu antiguo nombre y tribu no hubieran existido. Su sangre es ahora tu sangre y familia. Su nombre te pertenece para siempre. Tu antigua identidad no será recordada.

Vemos un ejemplo de esto con la persona de Caleb. Caleb era de una tribu pagana llamada cenezeos, y era el hijo de Jefone (Núm. 32:12: Jos. 14:16). Sin embargo, es recordado como parte de la tribu de Judá (Núm. 13:6; Jos. 15:13). En el libro de 1 Cr. 2:9, 18, 24, vemos a Caleb, antiguo hijo de Jefone, volviéndose hijo de Hezrón, hijo de Pérez, el hijo de Judá. Fue adoptado en la tribu de Judá, tomó el nombre y la sangre, y desde ese día en adelante sólo fue mencionado como parte de esa tribu israelita. Aún Jacob, puso a los hijos mestizos de José en su falda...su regazo...simbolizando desde ese día en adelante, como si ellos hubieran nacido de las entrañas de Jacob...y les bendijo. ¡Wow! ¡Puede ver lo que Romanos 8:15 dice acerca del "espíritu de adopción" por el cual ahora podemos clamar, *"¡ABBA, Padre!"*

¿Qué ocurre cuando recibimos este Espíritu y somos adoptados en la familia del Padre? ¡Tomamos el nombre y la sangre! ¡Tomamos una nueva identidad y un nuevo ADN; como si lo antiguo nunca hubiera existido y jamás será recordado! Ahora somos parte de la familia de Jesús y *Ro. 8:17* dice que somos, *"...coherederos con Cristo."* Pensemos acerca de ser "injertados" de acuerdo con este contexto. Si una raíz silvestre más débil se injerta a una más grande y fuerte, participa del lapso de vida, o la sangre de esa nueva raíz tomando la nueva identidad de ese árbol. Hemos sido adoptados en la familia de Jesús y su familia tiene características, cultura, festividades, tradiciones y maneras de vivir. Si adoptamos a un bebé, él o ella no será criado (a) en los caminos de su familia original sino la nuestra.

Puede que esto le haga sentir incomodidad. Tal vez usted piensa, "¿Significa que nos convertiremos en judíos?" ¡Sí! ¡No! ¿Qué tipo de respuesta es esa? **Sí,** en el sentido de que nacimos de nuevo y que somos adoptados en una familia que ya existía por 1,500 años antes de la venida de Jesús. **Sí,** nuestras raíces espirituales regresan hasta Abraham y nuestros festivales con sus ritos y ceremonias regresan hasta Moisés. **Sí,** la cultura bíblica y la filosofía del *tikun olam* que los judíos llevaron y fue manifestado en Jesús es cómo debemos vivir; y **Sí**, nuestras biblias son judías con frases, lenguaje y referencias culturales que solo pueden ser comprendidos desde un contexto judío.

**Sin embargo, mi respuesta es no**, si hablamos acerca de la expresión del judaísmo que tiene raíces bíblicas y que fielmente ha llevado las riquezas, ritos, ceremonias, filosofías de la vida, pero están ajenas a la revelación de Jesús como su Mesías. Sin Él están muertos y son expresados en la forma del judaísmo rabínico que se encuentra en una crisis de identidad tanto como la iglesia sin conocimiento de las raíces judías. ¿Entonces cual es el punto? No lo sé, porque no creo que alguna vez hayamos vivido antes en un tiempo donde los judíos vivieron en un tiempo donde pudieran ver que lo que guardan se trata de Jesús, con una iglesia que comprende que hemos sido injertados en una familia y cultura judía. No creo que hayamos visto la expresión de lo que parecen estas dos corrientes cuando se unen...pero creo que estamos a punto de averiguarlo.

## *LA ANTIGUA CEREMONIA NUPCIAL JUDÍA*

Hay multitudes de perspectivas significativas que averigüé de las costumbres y tradiciones judías; sin embargo, como amante de Jesús, ninguna me ha impactado tan poderosamente como la antigua ceremonia nupcial. Una vez usted se familiariza con todos sus diferentes aspectos, verá que se alude a través del Antiguo y Nuevo Testamento. Familiarizarse con las costumbres antiguas nupciales hace más que añadir riquezas a nuestro entendimiento de la familia a la que hemos sido adoptados, realmente se abre y explica el tema central de la Biblia y la pasión intensa del corazón de Dios por su pueblo. El patrón de las festividades en Levítico 23 está enlazado con Él y las referencias están dispersas como claves en casi todos (no en todos) los libros de la Biblia.

Una vez, alguien me dijo, "No puedes basar tu teología en solo una costumbre judía." Estaría en acuerdo si pudiera decir que la he encontrado en 1 o 2 escrituras, ¡pero lo he encontrado en todas partes! El mismo Jesús, usa referencias de costumbres hebreas a través de los evangelios y en el libro de Apocalipsis. También, Pablo hace referencias acerca de ellas en las epístolas. Estudiemos los elementos de una antigua boda judía y luego compartiré con usted varias revelaciones personales que tuve en la boda judía de mi hijo unos 17 años atrás. Eche a un lado sus lentes de cortejo y matrimonio del siglo 21 occidental, para que pueda recibir de las costumbres y actitud medio oriental que prevaleció en los días de Jesús.

Los matrimonios judíos son planificados por los padres de los esposos, pero principalmente es hecho por el padre del esposo. *Jer. 29:6* dice, *"...tomen mujeres para sus hijos y den sus hijas a maridos...*" Una vez la futura esposa es elegida, el futuro esposo visita el hogar de los padres de la esposa, donde ella vive, llevando con él 4 cosas importantes: un odre de vino, una suma de dinero llamado *mohar* o "precio de la esposa," presentes para la esposa si ella acepta, y un contrato de matrimonio llamado *ketubah*. Cualquier joven varón llegando al hogar de una joven con estas cosas bajo su posesión sería obvio en sus intensiones.

Primero, los padres de la esposa serán invocados, buscando su permiso. Si están de acuerdo, llevarán a la esposa, y el esposo esperanzado llenará una copa de vino conocida como la "copa del compromiso." Si ella acepta la propuesta, ella responderá 'Sí' bebiendo la copa de vino que fue puesta frente a ella. Fue en este momento donde personas más prominentes y ricas incluirían lo que se conocía como el "banquete de vino." Los invitados se reúnen, se prepara una fiesta elaborada, y en la mesa principal, el futuro esposo llena una copa de vino y la esposa prometida será el foco de atención. Ella está vestida con vestimentas hermosas para ser admirada por todos y luego danzará juguetonamente, toma la copa como si fuera a beberla, y luego la regresa a la mesa para coquetear con el esposo hasta que finalmente la bebe y todos se regocijan.

Vemos un ejemplo de esto en el libro de Ester, no solo en el contexto del compromiso, sino en el gesto de Ester por agradar y entretener al Rey en una manera de atraerlo para ganar su favor. Probablemente, fue un banquete de vino al cual Vasti fue invitada por el rey para mostrarla a todos sus nobles y su rechazo le costó su posición como reina. Hay una frase que el rey Asuero dice en *Ester 5:6*, *«¿Cuál es tu petición? Te será concedida. ¿Y cuál es tu deseo? Aun hasta la mitad del reino, se te dará».*

Es interesante notar que, en el Nuevo Testamento, después de que Juan el Bautista es llevado a prisión por el rey Herodes, quien hizo una fiesta para si mismo. Invitó a todos los dignatarios, los nobles y hace un banquete...probablemente un banquete de vino. Fue en este contexto que la hija de Herodías danzó seductoramente delante del Rey para ganar su favor. Ella tenía la petición malvada de obtener venganza en contra de Juan el Bautista, y su danza tentadora agradó al rey. Herodes le dijo, delante de todos los visitantes estimados, lo mismo que el Rey Asuero le dijo a Ester: *"Pídeme lo que quieras y te lo daré...Te daré lo que me pidas, hasta la mitad de mi reino" (Mc. 6:22-23).* Esto no es algo dicho al azar por el Rey Herodes; sino una costumbre de antiguas culturas del Medio Oriente, hacer un banquete de vino para mostrar la grandeza de su reino y la belleza de una esposa. Pienso que estas referencias en la escritura son un presagio del Día en el que el Rey de reyes, Jesús, regresará a la tierra, y hará un banquete para mostrar la hermosura de su Esposa para que toda la tierra se maraville de ella. *Cantar de*

*Cantares 2:4,* dice, *"Él me ha traído a la sala del banquete, y su estandarte sobre mí es el amor."*

Continuemos con las antiguas costumbres nupciales judías; yo pensaba que era importante ver que esta copa de compromiso yacía en el contexto de un banquete de vino. De todas maneras, una vez la esposa bebía de la copa el compromiso se volvía oficial y se iniciaba la fase contractual de la boda. Un *mohar* o el precio de la esposa, se le pagaba a los padres de la esposa y el *ketubah* o contrato, se firmaba con el voto del esposo de cuidar de ella. Ahora estaban legalmente casados y tendrían que divorciarse para disolver el matrimonio. Esto explica la situación de José y María quienes estaban legalmente comprometidos cuando María estaba embarazada con Jesús, pero la parte nupcial de la consumación no había tomado parte aún.

Luego, el esposo deja regalos para la esposa como voto de regresar por ella en el futuro. Él la deja para construir una habitación nupcial en la casa de Su padre. Es el lugar que Él está preparando para llevarla a la segunda parte de la boda, conocida como la consumación. ¿Cuándo él regresará por ella? Nadie lo sabía más que su padre. ¿Suena familiar? Su padre debía inspeccionar la habitación y una vez cumplía con sus expectativas, enviaba a su hijo para que regresara por su esposa. El dicho común dice, "nadie sabe el día ni la hora, solo el padre," esta es la frase o el idioma que los judíos en los días de Jesús comprendían que hablaban acerca del tiempo en el que el esposo vendría por su esposa.

**NOTA:** no puedo resistir aventar una pequeña "clave" que discutiré en mi enseñanza de las fiestas de otoño, que hablan de la segunda venida de Jesús; la frase, "Nadie sabe el día ni la hora" también es usada como referencia a algo que toma lugar durante la primera fiesta de otoño, *¡Yom Teruah!* Todo es tan perfecto; ¡te dejará maravillado! Nadie podría inventarse esta información... ¡te sentirás como una nueva criatura cuando veas cómo todas las piezas se ponen en su lugar!

La esposa pasaba su tiempo cociendo sus vestiduras nupciales y preparándose para ser esposa mientras el esposo estaba de viaje. Ella fue separada desde el día de su compromiso y se le puso un velo cuando fue presentada en público. Desde ese día en adelante, ella era vista como, ***"...ya no te perteneces a ti misma. Pues has sido comprada por un precio." (1 Co. 6:19-20,*** *parafraseado).* Después, dentro de un año, cuando el padre del esposo estaba satisfecho de que todo estuviera en orden, los amigos del esposo sonarían un *shofar* y proclamarían en las calles, "¡Miren, aquí viene el esposo!" El esposo se dirigiría a la posada de la esposa con una procesión, normalmente en la media noche, y "arrebataría a la esposa." Esa es la razón por la que le llaman, el "ladrón en la noche" porque vino por la esposa de repente, en una hora que ella no conocía, y ella debía estar atenta y viviendo en la expectativa de que él llegaría en cualquier minuto. ¡Wow! ¡A qué mujer no le agradaría la emoción y la intriga de esta costumbre romántica de que su esposo venga a una hora o día desconocido para arrebatarla en la noche y llevarla a su habitación nupcial! Cuatro hombres sostendrían el palanquín o litera en sus hombros para regresar a la esposa a la posada del esposo. Esto se conocía como el *nissuin*, el "encuentro" o arrebatamiento de la esposa. Diez vírgenes que cargan diez linternas acompañan a la esposa a la recámara nupcial. Era aquí donde se realizaba la segunda parte de la boda, la consumación, y era sellado con otra copa de vino apropiadamente llamada la Copa de la Consumación. Los esposos entran a la recámara nupcial o *chuppa* por 7 días para consumar la boda. ¡Los amigos del esposo se ponen a la puerta y anuncian su salida del *chuppa* a la familia e invitados, quienes esperan el comienzo de las festividades!

Jesús, el Esposo, escoge una Esposa por voluntad del Padre. *Jn. 15:16 dice, "No me escogieron a mi, pero yo los escogí a ustedes…"* Siguiendo el patrón de una antigua boda judía, Jesús prepara un "vino de banquete" en un aposento alto la noche antes de morir. Él inicia una ceremonia de compromiso y toma una copa de vino, en el contexto de una cena tradicional de Pascua, y dice, *"Y les digo que desde ahora no beberé más de este fruto de la vid, hasta aquel día cuando lo beba nuevo con vosotros en el reino de mi Padre" (Mt.*

*26:29).* ¿Qué día Él estaba aludiendo? ¡El día en el que la 2da copa de vino es derramada, la Copa de Consumación, que se toma en el *chuppa* nupcial! Luego, en *Jn. 14:1-3*, Jesús dice algo que solo un esposo diría en su compromiso. Él dice,

> *"No se turbe tu corazón; cree en Dios, cree también en Mí. En la casa de mi Padre hay muchas moradas; si no fuera así, te lo hubiera dicho; porque voy a preparar un lugar para ustedes. Y si me voy y preparo un lugar para ustedes, vendré otra vez y los tomaré conmigo; para que donde yo estoy, allí estén también ustedes."*

Jesús hace referencia a la tradición a la cual, como Esposo, no puede decirles cuándo Él regresará para llevarlos al *chuppa* porque el Padre en el único quien decide el tiempo correcto. Él dice en *Mc. 13:32,* *"Pero de aquel día o de aquella hora nadie sabe, ni siquiera los ángeles en el cielo, ni el Hijo, sino solo el Padre."* Luego, Jesús les habla parábolas para asegurarse que ellos comprendan que, aunque Él se marche es importante que vivan como una Esposa que vela; esperando por el regreso de su Esposo, viviendo separada para Él, y en la expectativa del día en el que regresará. Él cuenta la historia de diez vírgenes y vemos el lenguaje de una boda nupcial judía tradicional. El Esposo se ha demorado y mientras las vírgenes estaban esperando, se quedaron dormidas. Entonces cuando se escucha el clamor a media noche de que el Esposo ya viene, vemos que solo las que tenían aceite (intimidad en sus corazones, velando y preparándose para su venida), podían entrar a la recámara nupcial. Una vez más, en Mateo 24:42-44, Jesús les dice que estén alerta porque no sabrán el día en que el Señor regresará. Él dice que estemos en alerta porque como un ladrón en la noche (como el esposo que arrebata a su esposa), el Hijo de Hombre vendrá en una hora en la que no te esperas.

El precio extravagante que Jesús pagó por su Esposa fue su propia vida. *1 P. 1:18-19*, dice:

> *"sabiendo que no fueron redimidos de su vana manera de vivir heredada de sus padres con cosas perecederas como oro o plata, sino con sangre preciosa, como de un cordero sin tacha y sin mancha, la sangre de Cristo."*

*1 Co. 7:23* nos recuerda que *"...fuimos comprados por precio."* El regalo que Jesús nos dejó fue el Espíritu Santo en Hechos 2, como una garantía de su regreso. Ahora vivimos para Él, manteniéndonos puros, anticipando su regreso.

En *2 Co. 11:2*, Pablo dice,

> *"Porque celoso estoy de vosotros con celo de Dios; pues os desposé a un esposo para presentaros como virgen pura a Cristo."*

También recuerdo que en Juan 3:29, Juan el Bautista, se identificó a si mismo como el amigo del Esposo quien se alegra cuando oye la voz del esposo. Esto es consistente con la obra tradicional de un amigo del esposo quien a menudo escolta al esposo a la posada de la esposa, y luego anuncia a son de trompeta cuando el esposo sale de la posada de su padre para ir por su esposa, y más tarde anunciará a los invitados que ambos salen de la recámara nupcial después de la consumación.

Es posible que Moisés y Elías se aparecieron con Jesús en el monte de la transfiguración como dos amigos del Esposo, los dos testigos que se necesitan para que una boda judía sea legal. En el capítulo 6 de este libro veremos que Moisés fue el amigo que escoltó a la esposa, Israel, al Monte Sinaí para entrar en un pacto nupcial con el Señor. De la misma manera, Juan el Bautista (quien tenía el espíritu de Elías) era el amigo que escoltó a la esposa en el Nuevo Testamento hacia Jesús. ¿Sería posible que los dos testigos estuvieran discutiendo con el Esposo los detalles futuros de la boda? ¿Sería un presagio del día en el que Jesús saldrá de su recámara nupcial con su Esposa (Jl. 2:16), brillando como el sol, para ser visto por toda la tierra?

Estoy emocionada por compartirles cómo este versículo en Joel se relaciona con otro de las festividades porque explicará lo que Jesús quiso decir en Mateo 24:27, regresando como un relámpago desde el este al oeste. ¡Sin el entendimiento de nuestras raíces judías, ignoramos que este es un idioma hebreo que habla de una festividad y también alude a parte de una antigua boda judía! ¿Por qué en Marcos 2:19-20 Jesús dice que sus discípulos no ayunan ahora porque su Esposo está con ellos, pero sí ayunarán cuando Él se les sea quitado? Porque Él está a punto de iniciar una ceremonia de compromiso y después se marchará en un viaje largo para preparar un lugar para llevarlos en el futuro. Ellos ayunarán, anhelando y esperando su regreso mientras el Esposo no está.

## LA BODA DE NUESTRO HIJO

Cuando nuestro hijo Ben se casó con Rebekah en 1996, escogieron tener una boda judía por el rico significado asociado con sus costumbres. En aquel tiempo, yo no sabía nada acerca de bodas judías y aunque soy capaz de tratar de influenciar a nuestros hijos con mis buenas ideas, John y yo no tuvimos parte en su decisión. Cuando ayudé a Rebekah mientras hacía sus preparativos, Dios comenzó a abrir mis ojos al cuadro profético del paradigma nupcial visto en toda la biblia.

La noche antes de la boda, los esposos fueron a un *mikvah*, la palabra hebrea para la inmersión en agua, o bautismo. Cada comunidad judía desde el Israel de la antigüedad hasta hoy día tiene una. Son salas cerradas y privadas, con escalones que al fondo llevan a un estanque. El agua debía ser lo que se le llamaba "agua viva," y de ahí fluía a un estanque desde un ojo de agua, y desembocaba también. Las personas se sumergen mientras un testigo observa; una dama es testigo para una dama y un hombre para un hombre. Hay muchas razones para los *mikvahs* en la vida judía y usted se dará cuenta que en Hebreos 6:2, el escritor usa el plural y dice, "bautismos." Los sacerdotes en los tiempos del templo iban al *mikvah* para lavarse antes de servirle al Señor; cualquiera que tocase un cadáver era lavado en el *mikvah;* las mujeres van al *mikvah* en el día 14 de su ciclo menstrual, para lavar la muerte de un óvulo que no fue fertilizado, y para "purificarse" en este día de ovulación en el cual ella podría concebir una nueva vida.

Cientos de *mikvahs* eran excavados en el Monte del Templo en Jerusalén, lo cual explica cómo los 5,000 que vinieron a Jesús en Hechos 2 pudieron ser bautizados. La noche antes de una boda judía, los esposos son sumergidos en el *mikvah*. Reconocen delante del testigo cualquier lazo físico o emocional que hayan tenido con otro hombre o mujer antes de este día. Se sumergen para limpiarse y arrepentirse de todo lazo en sus pasados y son considerados "nuevas criaturas," o como recién nacidos, en su día de bodas. Ben y Rebekah amaban la significancia de esto así que fueron a nuestra tina llena de agua caliente por separado, con un testigo, y fueron sumergidos.

**NOTA**: No puedo resistirme a llamar su atención a algo que Juan el Bautista dice cuando anuncia la venida de Jesús en *Jn. 3:28-29*:

*"Ustedes mismos me son testigos de que dije: "Yo no soy el Cristo, sino que he sido enviado delante de Él". El que tiene la Esposa es el Esposo, pero el amigo del Esposo, que está allí y le oye, se alegra en gran manera con la voz del Esposo. Y por eso, este gozo mío se ha completado."*

En el antiguo Israel, lo que llamamos el padrino de la boda se llamaba un *shoshbin*, o "amigo del esposo." Él era quien escoltaba a la esposa hasta el esposo y anunciaba su venida. ¿Podría ser que, como amigo del Esposo, Juan el Bautista estaba llevando a personas a un bautismo o *mikvah* de arrepentimiento y purificación previo a su compromiso? ¿Qué Moisés le dijo al pueblo que hiciera cuando, como amigo del Esposo, llevó a los hijos de Israel al Monte Sinaí para pactarse a Dios? Les dijo que se purificaran (Éx. 19:10). ¿Fue un *mikvah* antes de la boda? Yo creo que lo fue. También vale la pena considerar que los estudiosos judíos creen que el primer *shoshbin* o amigo del esposo fue Dios cuando trajo a Eva a Adán. *Gn. 2:22* dice, *"…y la trajo al hombre."*

Después del *mikvah*, es tradición que los esposos ayunen hasta su boda el próximo día. El ayuno se rompe después de la ceremonia; los esposos son puestos en una recámara donde comen una pequeña cena y disfrutan los primeros momentos asolas, antes de recibir a la familia e invitados. ¡Ben y Rebekah hicieron esto también, y rompieron su ayuno con la sopa de pollo hecha por Omi, solos en una recámara mientras sus invitados esperaban su salida para dar comienzo a la fiesta!

La boda toma lugar bajo un *chuppa* o dosel nupcial, que representa la morada del esposo a la cual llevará a su esposa. Antes que los padres de la esposa la presenten, el esposo espera bajo el *chuppa* por el momento en el cual pueda extender su mano y traerla a su "morada." Mientras ella se acerca al *chuppa,* ella le da siete vueltas, cortando sus lazos con la casa de sus padres, y toma la mano de su esposo mientras él la invita a la suya. En el Israel antiguo, la ceremonia de compromiso se realizaba en la posada de la esposa, y un año después, la ceremonia de consumación tomaba lugar en la "morada" del esposo. Actualmente, ambas ceremonias toman lugar bajo el *chuppa.* Después de tomar la primera copa de vino, se intercambian los anillos y la esposa se mantiene cubierta por el velo. Después de la segunda copa el velo es quitado y se declaran bendiciones sobre la pareja, y son oficialmente esposos. La pareja se une a la celebración después de su tiempo a solas. Se les levanta en sillas, por encima de los demás y con cantos y música son desfilados por la sala frente a todos. Esto se le llama *nissuin,* el "encuentro" o arrebatamiento de los esposos. Son considerados reyes, coronados en este día y son levantados; no en la tierra ni el cielo, sino entre el cielo y la tierra donde todos los ojos pueden verlos y declarar su hermosura aún. Considere este versículo con este cuadro profundo y profético en mente,

> *"Pues el Señor mismo descenderá del cielo con voz de mando, con voz de arcángel y con la trompeta de Dios, y los muertos en Cristo se levantarán primero. Entonces nosotros, los que estemos vivos y que permanezcamos, seremos arrebatados juntamente con ellos en las nubes al encuentro del Señor en el aire, y así estaremos con el Señor siempre. (1 Ts. 4:16-17)*

# UNA MIRADA A UNA BODA FUTURA

¡Los paralelos que deducimos de estas costumbres nupciales abren los ojos de nuestro entendimiento de lo que Jesús vino a cumplir en su primera venida a la tierra! ¡De hecho, la magnitud del tema nupcial que está entretejido en la escritura debería causar un salto de alegría en nuestros corazones! ¡Nuestra mente griega que busca por teologías sistemáticas y estudia la biblia como un libro de texto en la escuela, está en peligro de perder el lenguaje del corazón que habla del romance divino! Bill Johnson, un pastor de Redding, California dijo, "Una de las más grandes tragedias en la vida es cuando la Biblia es interpretada por aquellos que no están enamorados."

¡La Biblia es la historia más maravillosa y épica jamás escrita, y somos el foco principal del amor celoso y apasionado de Dios! Debemos mantenernos conectados a la historia de amor que comenzó en el Jardín de Edén en Génesis. Desde el día en que el engaño de Satanás causó que perdiéramos la intimidad cara a cara con Dios, quien nos hizo a su imagen...creado para vivir con Él por siempre...Dios inició su plan para enviar al Redentor para recuperar a su Esposa.

Él es un Esposo judío por lo cual fue adecuado mantenerse constante con las tradiciones de su cultura. Los discípulos estaban familiarizados con el lenguaje del amor que Él les hablaba y estoy segura de que el impacto de sus palabras los dejó sorprendidos en la cena de Pascua histórica. ¡Estaban ocupados compitiendo por posiciones que consideraban una toma de poder político, y Jesús estaba iniciando una ceremonia de compromiso! Tristemente, sin estos lentes judíos para darnos entendimiento, hemos reducido esta "última cena" a una ceremonia rígida llamada la comunión. ¡No es que no sea importante recordar la muerte de Jesús en la cruz, pero en el contexto de una ceremonia de compromiso, hay una dimensión añadida que fortalece nuestros corazones, recordando que "hemos sido comprados por un precio" y una recámara nupcial nos espera!

Esto no es otra enseñanza añadida a la lista de verdades para discutirse en estudios bíblicos. Comprender las festividades, el *Sabbath*, costumbres y tradiciones a las que hemos sido injertados nos da entendimiento de lo que Jesús está haciendo actualmente porque se alinean con su tiempo profético y agenda de lo que ya ha cumplido y cumplirá en el futuro. Sabemos que vino como Varón de Dolores y pagó el precio por su Esposa. Cuando Él dijo, "Consumado es" muriendo en la cruz, dijo las palabras que un esposo diría al padre de la esposa después de completar el pago del precio del *mohar* o precio de la Esposa.

Ahora, en este mismo minuto, Jesús está construyendo una recámara nupcial para traer a su Esposa un día en el futuro. Mientras Él construye, intercede por nosotros y canta con gozosa anticipación por el día llamado "la alegría de su corazón." Es el día que Juan pudo ver en la isla de Patmos en Apocalipsis 19 y 21. ¡Jesús le dio un anticipo del "apocalipsis," que significa la "revelación;" la atracción central al final de esta era… ¡una Esposa adornada para su Esposo, saliendo de un *chuppa* nupcial con su rey mientras es presentada junto a Él frente a las bocas abiertas de toda la tierra!

Comprendiendo desde esta perspectiva nos permite saber cómo viviremos mientras esperamos también…viviendo en comunidad…amándole juntos…compartiendo las cosas que Él habló a nuestro corazón…practicando sus citas con Él para que recordemos lo que ha hecho por nosotros, y vivir con la anticipación de lo que Él hará en el futuro. Viviendo como esposas separadas, velando y esperando por el sonar de última trompeta anunciando que el "ladrón en la noche" viene de camino para "arrebatarnos" y llevarnos para con Él. Más allá de una religión muerta, es el incentivo que sostiene a nuestros corazones para continuar hacia adelante, continuar redimiendo, continuar amando cómo Él lo hizo. ¡El gozo puesto delante de Él para que pudiera soportar la cruz; la realidad de su día de bodas…actualmente es el gozo puesto frente a nosotros!

Otra cosa muy interesante que debemos tomar en cuenta es que a un sumo sacerdote se le conocía como un "ladrón en la noche." A diferentes sacerdotes se les asignaban deberes en el templo y había un sacerdote designado para quedarse despierto toda la noche asegurándose de que la lámpara de aceite, simbolizando la eterna presencia de Dios, no se apagara. Cuando el sumo sacerdote hacía sus rondas, y encontraba durmiendo al sacerdote designado a estar velando, tomaría su linterna y prendería en fuego las vestiduras del sacerdote. Después, él tendría que quitarse sus vestiduras y vergonzosamente correr por las calles desnudo. Es solo en este contexto en que Apocalipsis 3:3-5; 3:18 y Apocalipsis 16:15 cobran sentido. Ambos capítulos son semejantes porque el punto de Jesús haciendo estas dos referencias es para decir que Él es el Esposo que vendrá pos su Esposa en una hora inesperada y es el Sumo Sacerdote que se asegurará de que nuestra luz se mantenga ardiendo. ¡En ambos casos Él nos urge a que estemos alerta, listos, y velando por su venida!

# QUÉ VENTAJAS TIENEN LOS JUDÍOS

Después de 2,000 años de historia de la iglesia, como creyentes gentiles nos encontramos haciendo la pregunta lógica: ¿Por qué no conocemos o no nos enseñaron nuestras raíces judías antes? Cuando leemos escrituras que mencionan conceptos y festividades judías, por qué no preguntamos lo que parece ser la pregunta obvia. Por ejemplo, ¿qué quiere decir Pablo cuando define a Jesús como, "¿Cristo nuestra Pascua?" "¿Por qué Él es "el Cordero de Dios que quita el pecado del mundo?" "¿Qué es la Fiesta del pan sin levadura?" "¿A qué se refiere el término "primicias" y qué es el Libro de la Vida que se menciona en toda la escritura?" ¡De repente, en el primer siglo, nos injertaron a una fe que ha tenido *momentum* por 1,500 años y nadie explica los fundamentos ni definen los términos ni hacen preguntas! La iglesia primitiva fue judía y comprendieron el lenguaje de su cultura que

Jesús, Pablo y otros usaron.

Es fácil leer el Nuevo Testamento y sentir que casi te perdiste la clase o que no recibiste las notas de repaso explicando lo que significa toda la terminología y referencias culturales. Usted se ve deseando que uno de los creyentes gentiles se hubiera acercado a Pedro o Pablo diciendo, *"Escucha, he sido un pagano toda mi vida, pero me enamoré de tu Mesías judío, Jesús, y decidí seguirle, pero no tengo ni idea de lo que ustedes creen. Conservan festivales que me son desconocidos, y usan frases como 'agua viva' en sus enseñanzas y 'la última trompeta,' que se refieren a ceremonias dentro de esas festividades que desconozco. ¿Cómo comprenderé la biblia si desconozco de tu fe, cultura y tus tradiciones?"* ¡Exactamente! No podemos.

Conocemos lo suficiente para ser salvos por la sangre de Jesús y tenemos un maestro que nos ha dado revelación y una relación con Jesús mediante el regalo del Espíritu Santo en nosotros lo cual es glorioso, pero hemos sido adoptados en una familia y cultura que nos es totalmente extranjera. ¡Personalmente, lo sé porque cuando me casé con John formé parte de una familia que fue extraña para mi y no entendí el libro de las reglas! Tuve que hacer las cosas incorrectamente, hacer preguntas, y sentirme marginada por un tiempo, pero mi manera de pensar cambió con el tiempo y comencé a comprenderlo. Creo que Dios, en su paciencia sobrenatural, ha estado esperando que sus hijos gentiles nos humillemos y admitamos que no podemos seguir adelante en nuestro entendimiento y revelación sin lo que mi esposo John llama, "el anillo decodificador de *Sky King* (Rey del Cielo)." Hubo un programa de televisión en los años 1950 con un piloto llamado *Sky King* y solo se podía ayudar, a *Sky* y a su sobrina Penny, a resolver el misterio si usted solicitaba el anillo decodificador de *Sky King* que le permitiría conocer los secretos y aprender a resolver los misterios. ¡Necesitamos el anillo decodificador del Rey del Cielo!

Necesitamos la fe judía y personas que llevan más que las escrituras del Antiguo Testamento. "¿Qué ventajas tiene el judío?" En toda manera, se les entregó mucho… "Qué se les entregó?" ***Núm. 9:2-3***, dice,

> *«Que los israelitas celebren la Pascua a su tiempo señalado. En el día catorce de este mes, al atardecer, ustedes la celebrarán a su tiempo señalado; la celebrarán conforme a todos sus estatutos y conforme a todas sus ordenanzas».*

Se les mandó que conservaran la Pascua. ¿Cómo? *"…Conforme a todos sus estatutos y a todas sus ordenanzas."* Se le entregó a Moisés en el Monte, quien le enseñó al pueblo quien lo enseñó oralmente y luego fue grabado en escrituras judías. ¿Dónde se encuentran? Su lenguaje se encuentra en toda la biblia, pero no presentan las expectativas, sino que se asumen. Un ejemplo de esto se encuentra en ***Jn. 7:37-38***. Dice, *"En el último día, el gran día de la fiesta…"* La festividad fue la Fiesta de los Tabernáculos, la última festividad del otoño. En el versículo 8, Jesús dice que Él es el agua viva. Si usted fuera judío en aquellos días, su declaración no necesitaría explicación. Sabían que el "agua viva" se asociaba con una ceremonia de agua viva recreada cada año durante esta festividad. Todos los versículos de las escrituras en el Antiguo testamento acerca del agua viva eran leídas durante los 7 días de la Fiesta de los Tabernáculos también. En Juan 8, justo después de esto, se encuentra la historia de la mujer encontrada en el acto de adulterio. Los escribas y fariseos querían apedrearla hasta la muerte y Jesús se inclinó y escribió en el polvo. Mientras escribe, Él dice, *"Aquel que esté limpio de pecado que tire la primera piedra"* (versículo 7). Ellos se fueron uno por uno. ¿Qué Jesús escribió en el polvo? No lo sabemos, pero puede que haya una clave en un versículo que ellos debieron haber leído esa semana acerca del agua viva encontrado en *Jer. 17:13*. Dice que, si se apartan de la fuente de agua viva, sus nombres serán escritos en el polvo. ¿Quién es el Agua Viva?

Jesús anunció en *Jn. 7:39* que Él lo era.

> ***"Oh Señor, esperanza de Israel, todos los que te abandonan serán avergonzados. <u>Los que se apartan de ti serán escritos en el polvo</u>, porque abandonaron al Señor, fuente de aguas vivas."***

De acverdo con el lenguaje de las festividades de otoño que acababa de culminar, los judíos presentes con Jesús ese día supieron lo siguiente; en la Fiesta de las

Trompetas el saludo es, "Que tu nombre sea inscrito en el libro de la vida." En *Yom Kippur* el saludo es, "Que tu nombre sea sellado para el Día de la Redención." Sin embargo, cuando tu nombre es, "escrito en el polvo," eres maldecido, porque tu nombre será pisoteado por los pies de los hombres y será borrado por el viento. Jesús estaba haciendo una declaración profunda dentro del contexto de las festividades de otoño…y ellos sabían que Él les hablaba a ellos.

# ES TIEMPO DE REVELAR NUESTRAS RAÍCES JUDÍAS

Las festividades que se les ordena observar son presentadas en Levítico 23 pero con muy pocas instrucciones en cuanto a cómo conservarlas. En los principios de mi búsqueda por Jesús en las festividades, recuerdo que Jesús me dijo que comience a observarlas, pero Levítico 23 carecía de detalles. ¿Cómo encuentras la manera de llevar a cabo un *Seder* de Pascua? ¡Jesús y sus discípulos hicieron una y no tuvieron que preguntarle a Jesús qué debían hacer para prepararla porque eran judíos! La llevaron a cabo de acuerdo con los ritos y orden de servicio enseñados mediante enseñanzas orales y escrituras de generaciones anteriores. ¿Sabe usted que descubrí? ¡Jesús no solo cumplió la Palabra, sino que usó las costumbres y el lenguaje de las festividades con sus tradiciones y servicios, para revelarse a si mismo también!

¿Se recuerdan mi encuentro cuando lo vi a Él por primera vez como el *Afikoman* en el *Seder* de Pascua? ¡Él dejó claves acerca de Él en toda la liturgia de las festividades y cómo regresaría! Es maravilloso y si no tocamos esta rica savia de ese antiguo árbol de olivo al cual Pablo dice que hemos sido injertados, Romanos 11, nos perderemos de mucho y no podremos continuar la búsqueda del tesoro ni encontraremos el *Afikoman* escondido en la Palabra. Creo que la respuesta a la pregunta de por qué nunca nos preguntamos acerca del árbol de olivo al cual Pablo dice que hemos sido injertados, es una respuesta simple. ¡Es la misma razón por la que los judíos tienen todas estas maravillosas escrituras como Isaías 53 que trata claramente de Jesús, pero no pueden verlo! ¡Hemos sido segados sobrenaturalmente tal y como ellos! Podemos "ver" porque Él nos ha abierto los ojos para ver.

Él ha establecido tiempo para todo. Es su historia de amor, su trama, y Él es el escritor, productor y director. Él es quien decide cuándo y cómo su historia se desenvuelve. Vivimos en un tiempo donde Él comparte con sus amigos este increíble plan de redención que se encuentra en sus festividades; su misión de rescate dramática por la humanidad, aquellos con quienes Él escogió habitar en una relación íntima con Él por siempre. Primero llegó a la simiente de Abraham, pero *Gál. 3:29* dice, *"Y si ustedes son de Cristo, entonces son descendencia de Abraham, herederos según la promesa."* El Padre siempre tuvo en su corazón que todas las naciones del mundo *"...fueran bendecidas..." (Gn. 12:2)* mediante Abraham.

# EL TIEMPO DE LA
# PROMESA SE ACERCA

El libro de Éxodo nos cuenta la historia de la familia de Jacob quienes llegaron a Egipto como 70 personas y se volvieron una multitud de millones que se volvieron esclavos de Faraón por 430 años. Es fácil preguntarse por qué les tomó 430 años para clamar a Dios para ser libertados de sus ataduras, pero nuevamente, la respuesta es simple: no era el tiempo de Dios. *Hch. 7:17* dice, *"Pero a medida que se acercaba el tiempo de la promesa que Dios había confirmado a Abraham, el pueblo crecía y se multiplicaba en Egipto."* También, en la promesa de Dios con Abraham en Génesis 15:16, Él menciona que el tiempo de su libertad vendrá cuando el pecado de los amorreos se complete. Su pueblo clamó cuando fue el tiempo establecido para que se desenvuelva esa parte de la historia y Él descendió a libertarlos. El tiempo de Dios es PERFECTO.

Hay 400 años entre Malaquías y Mateo. Esto se conoce como el "tiempo de silencio" porque Dios no habló mediante un profeta todos esos años. Continuó desde Mateo 1, cuando nació Jesús, hasta el tiempo de su ministerio en sus 30 años. *Heb. 1:1-2* dice,

*"Dios, habiendo hablado hace mucho tiempo, en muchas ocasiones y de muchas maneras a los padres por los profetas, en estos últimos días nos ha hablado por Su Hijo, a quien constituyó heredero de todas las cosas, por medio de quien hizo también el universo."*

¡El silencio de 400 años, más 30 años hasta el comienzo del ministerio de Jesús es 430 años! Es el mismo tiempo de silencio en Éxodo. ¡Es tan perfecto que no podemos desacreditarlo ni reprocharlo!

Por voluntad de Dios, José fue enviado a Egipto después de ser vendido como esclavo por sus hermanos envidiosos. Se puso un nombre y vestimentas egipcias y fue promovido a una posición de realeza. Cuando sus hermanos fueron a Egipto buscando provisiones durante la hambruna, José parecía tan egipcio que les fue imposible de identificarlo. Sin embargo, él les reunió en una habitación a solas, en el tiempo establecido, quitó su vestido egipcio y en hebreo dijo, *"...yo soy su hermano José, a quien ustedes vendieron a Egipto" (Gn. 45:4).* De la misma manera en el siglo 3, Jesús tomó forma de un gentil con toda su identidad judía quitada de Él. Dios lo escondió a propósito por 1,800 años para que todas las naciones gentiles pudieran conocerle. Sin embargo, un día cercano cuando Él regrese a la tierra, como José, reunirá a sus hermanos judíos en Jerusalén, sin su identidad griega, y dirán en hebreo, *"Soy Jesús, a quien ustedes traspasaron" (Zac. 12:10).*

Hubo un cambio profético desde el renacimiento de Israel en 1948 y la iglesia ha abierto sus ojos suavemente al plan y propósito de Dios por la tierra de Israel, el pueblo judío, y una nueva hambre ha resurgido por descubrir nuestras raíces judías. ¿Acaso nos despertamos de repente y tuvimos entendimiento? ¡No! Nos acercamos al tiempo que Dios escogió para que sus hermanos judíos abran sus ojos a la revelación que mucho de lo que llevan en su fe trata de Jesús, y para que los creyentes gentiles vean su verdadera identidad solo puede ser encontrada en la antigua raíz judía a la cual Pablo dice que hemos sido injertados.

*"Y si el primer pedazo de masa es santo, también lo es toda la masa; y si la raíz es santa, también lo son las ramas. Pero si algunas de las ramas fueron desgajadas, y tú, siendo un olivo silvestre, fuiste injertado entre ellas y fuiste hecho participante con ellas de la rica savia de la raíz del olivo, no seas arrogante para con las*

*ramas. Pero si eres arrogante, recuerda que tú no eres el que sustenta la raíz, sino que la raíz es la que te sustenta a ti."* (Ro. 11:16-18)

# JUDÍOS Y GENTILES UNIÉNDOSE

Cuando los judíos tengan revelación que Jesús es su Mesías y tengan revelación de que nuestra identidad se encuentra en la raíz judía que nos apoya, expresaremos lo que el Padre siempre ha querido: *"...un nuevo hombre." (Ef. 2:15).* No podemos enfadarnos con los padres de nuestra iglesia ni nuestros líderes por privarlo de nosotros. Dios lo ha establecido para que sea revelado en este tiempo en la historia. Permitió que los judíos guardaran fielmente un cofre de tesoros con gemas preciosas que nos ayudan a conocer a nuestro Salvador, Rey y Esposo judío, y da una rica explicación y significado a la religión. Una familia judía nos adoptó con una cultura y tradiciones que son ricas en significado y nos enseña cómo vivir. Vivimos en un tiempo donde Jesús, como José, quita su exterior griego anhelando revelar a su familia judía y gentil, diciendo, "Yo soy *Yeshua.*"

Una vez nuestros ojos sean abiertos, tendremos ojos para ver tantas escrituras que no comprendimos antes porque carecíamos de los lentes hebraicos para entenderlos. Hay varios idiomas y referencias a las festividades judías por todo el Antiguo y Nuevo Testamento que dan un rico significado y contexto de lo que hablamos. Espero que mientras usted se encamina en estos estudios tenga un fundamento donde, por su cuenta, comience a minar por oro. También espero que reciba la fortuna extravagante que hermanos fieles judíos han guardado en su "cofre de deposito de seguridad" hasta este tiempo presente, cuando el Padre lo desenvuelva sobre sus herederos legítimos e injertados. ¡Ahora, mientras usted abre el cofre, pida al Señor el espíritu de revelación y entendimiento del conocimiento de Él!

*"Por tanto, recuerden que en otro tiempo, ustedes los gentiles en la carne, que son llamados «Incircuncisión» por la tal llamada «Circuncisión», hecha en la carne por manos humanas, recuerden que en ese tiempo ustedes estaban separados de Cristo, excluidos de la ciudadanía de Israel, extraños a los pactos de la promesa, sin tener esperanza y sin Dios en el mundo. Pero ahora en Cristo Jesús, ustedes, que en otro tiempo estaban lejos, han sido acercados por la sangre de Cristo." (Ef. 2:11-13)*

# ~ Capítulo 4 ~

## Jesús cumple sus compromisos

*"Comenzando por Moisés y continuando con todos los profetas, les explicó lo referente a Él en todas las Escrituras." (Lc. 24:27)*

Para mí, el libro de Éxodo es una obra maestra y un misterio. Como nueva convertida, nuestro amigo Tim Ruthven, quien tuvo un ministerio en la importancia de un tiempo en silencio diario con la Palabra, me dio una apreciación por este libro. Como parte del ministerio de Tim pasamos por un devocional que él escribió, llamado, <u>Nos sacó para introducirnos.</u> Tim enseñó acerca de presagios y sombras encontradas en Éxodo, y los pasos que Dios tomó para libertar a Sus hijos de Egipto, y cambiar su identidad. Comenzaron como un grupo de esclavos en servidumbre al Faraón (una sombra o presagios de Satanás), en una cultura en contra de Dios (el sistema del mundo), fueron libertados por la sangre del cordero en sus dinteles (Jesús, el Cordero de Dios), y fueron llevados a través del Mar Rojo (un tipo de bautismo) para ser la Nación Santa de Dios.

Estudiando este libro la primera vez con Jesús y Tim me dio la apreciación de las sombras y presagios que Dios usa para hablarnos en toda Su Palabra. Éxodo tomó una importancia aún mayor para mí mientras comenzamos a llevar a las personas a través de la historia de la Pascua celebrándola cada año en nuestra casa. Después de 38 años de enseñar acerca de esta festividad, me familiaricé bastante con el patrón de liberación y redención encontrado en Éxodo 12 al 19, y me quedé muy enfocada en la revelación de Jesús, que como nuevos creyentes podemos experimentar en estos capítulos. La perfección de la Palabra de Dios es milagrosa cuando vemos cómo Jesús completamente cumplió el patrón de las festividades de primavera que se encuentran aquí; pero hay más.

Todavía recibo revelaciones aun despúes de ver el patrón de las festividades de Éxodo y Levítico 23 por muchos años, buscando Su corazón el cual se encuentra ahí. ¡El otoño pasado me quedé pasmada con lo que ahora veo escondido en las páginas de Éxodo! Estoy en completo asombro de lo que estoy vislumbrando que perdí todos estos años. Por un largo tiempo, he visto que Moisés libertó al pueblo de Dios del cautiverio, los llevó a través de Mar Rojo y los trajo a una montaña para encontrarse con Dios en Éxodo 19. ¡Ahora observo que en Éxodo 19-40, que Moisés sigue el patrón de las festividades de Levítico 23 dejando claves de la segunda venida de Jesús también! Moisés cumple el patrón de las festividades sin saber que Dios lo hará escribirlo en la Escritura, lo cual presagia las dos venidas del futuro Mesías. Después de su encuentro con Dios en el Monte Sinaí, Dios manda a Moisés a instruir a que el pueblo las observe, o "practique," para que sepan el tiempo de Su visitación. Muchas escrituras apuntan hacia Jesús siguiendo el patrón de Moisés:

*"Un profeta como tú levantaré de entre sus hermanos, y pondré Mis palabras en su boca, y él les hablará todo lo que Yo le mande."*

**Dt. 18:18**

*"Este es el mismo Moisés que dijo a los israelitas: "Dios les levantará un profeta como Yo de entre sus hermanos."*

**Heb. 7:38**

*"Comenzando por Moisés y continuando con todos los profetas, les explicó lo referente a Él en todas las Escrituras."*

**Lc. 24:27**

# LA IMPORTANCIA

# DEL PATRÓN

He usado el término "patrón de festividades" por muchos años y no quiero presumir que aquellos que apenas comienzan a estudiar las festividades bíblicas saben a lo que me refiero. Para mí, el patrón es un formato que puedes usar para duplicar algo. Si veo un vestido que quiero coser en una revista, iría a una tienda de telas y compraría un patrón que sea exactamente como el que quiero. Después tendría que seguir el patrón precisamente para obtener el resultado deseado. Dios mandó a Moisés a construir el tabernáculo de acuerdo con el patrón que Él le dio en el Monte Sinaí. Él le mostró a Moisés el tabernáculo celestial que vendría un día a la tierra. Moisés descendió de esa experiencia con instrucciones para construir una morada para Él, que sería el reflejo de algo glorioso que se encontraba en el cielo. Tenía colores, dimensiones, materiales, fragancias y artículos que debían ser hechos y colocados adentro. Este tabernáculo celestial que Moisés experimentó fue muy importante para Dios, tuvo un propósito y función que sería la expresión de Su corazón, y Él quería que Su pueblo fuera parte de ello.

> *"Que me hagan un santuario, para que Yo habite entre ellos. Conforme a todo lo que te voy a mostrar, conforme al diseño del tabernáculo y al diseño de todo su mobiliario, así ustedes lo harán." Éx. 25:8-9*

Cuando hablo del patrón de las festividades de Dios, lo mismo es verdad. El patrón es exacto. Tiene un propósito y función que habla de *"lo referente a Él en todas las Escrituras." (Lc. 24:27)*. Cuando Moisés estuvo en el Monte Sinaí, en adición al patrón de cómo construir el tabernáculo, *Núm. 9:2-3* nos dice que se le entregó el patrón de las festividades, lleno de ritos y ceremonias, las cuales debían llevarse a cabo también.

> *"Que los israelitas celebren la Pascua a su tiempo señalado. En el día catorce de este mes, al atardecer, ustedes la celebrarán a su tiempo señalado; la celebrarán conforme a todos sus estatutos y conforme a todas sus ordenanzas."*

Levítico 23 menciona las festividades, y cuando deben ser observadas a través del año. Las festividades se mencionan en un orden particular, en días y meses específicos del calendario hebreo porque son el plan exacto de cómo el Mesías vendría a la tierra. Él vendría en la primavera (la temporada antigua agrícola de lluvia en Israel), y cumpliría el orden de las festividades de primavera como lo hizo en Su primera venida cuando cumplió Su rol como Varón de Dolores. De la misma manera, regresará la segunda vez en el orden de las festividades de otoño (la temporada agrícola de lluvias tardías de Israel) y cumplirá Su rol como Rey Conquistador. ¿Se recuerda de *Os. 6:3*?

*"Conozcamos, pues, esforcémonos por conocer al Señor. Su salida es tan cierta como la aurora, y Él vendrá a nosotros como la lluvia, como la lluvia de primavera que riega la tierra."*

¡Wow! ¿Lo ve? Se que estoy repitiendo lo que ya he mencionado en el capítulo anterior, pero le tomó un tiempo a la magnitud de esto tocar mi corazón. Hay una palabra hebrea, *Shema*, que significa "oye o escucha para que puedas hacer." Una de las oraciones centrales hebreas recitadas por judíos diariamente se llama el *Shema*, tomada de *Dt. 6:4-9*,

*"Escucha, oh Israel, el Señor es nuestro Dios, el Señor uno es. Amarás al Señor tu Dios con todo tu corazón, con toda tu alma y con toda tu fuerza."*

La palabra significa más que solo "escuchar." Es como si Dios dijera, "¡DETENTE! ¡Permíteme tener tu atención íntegra, porque estoy por decir algo que podría significar la diferencia entre la vida y la muerte!" ¡Cuando le preguntaron a Jesús cual era el mandamiento más importante, Él respondió con el *Shema* y redujo todos los 613 mandamientos a tan solo 2! ¡Él les dice lo que deben PARAR y a lo que deben prestarle atención! En *Mc. 12:28-30*, Él dijo,

> *"Cuando uno de los escribas se acercó, los oyó discutir, y reconociendo que Jesús les había contestado bien, le preguntó: «¿Cuál mandamiento es el más importante de todos?». Jesús respondió: «El más importante es: "Escucha, Israel; el Señor nuestro Dios, el Señor uno es; y <u>amarás</u> al Señor tu Dios con todo tu corazón, y con toda tu alma, y con toda tu mente, y con toda tu fuerza. El segundo es este: "<u>Amarás</u> a tu prójimo como a ti mismo".*

**NOTA**: Después de escribir este versículo, el Espíritu Santo llevó mi atención a las palabras "amarás." De repente, lo vi, no mucho como una orden sino como una profecía del Señor. Él está hablando a Su pueblo, proclamando lo que un día seguramente se cumplirá. Él les dice, "Un día regresaré con un mover poderoso de mi Espíritu y quitaré el estupor de sus corazones para que vean Quién soy plenamente. ¡Ustedes me amarán cuando llegue ese día!

¡Lo que siento mientras estoy a punto de hablar del patrón por el cual Moisés instruyó a los hijos de Israel en Éxodo 12-19 es esto: *¡Shema!* ¡Escuchen! ¡DETÉNTE! ¡Presta atención! ¡La realidad de este patrón es absolutamente crucial en la comprensión de toda la Biblia! Pide el espíritu de revelación para ver cuan milagroso son estos eventos en Éxodo y cuan maravilloso es que Dios haya puesto en marcha su plan de redención que comenzó en Éxodo y culmina en Apocalipsis cuando una Esposa perfecta desciende adornada para Su Esposo. ¡Es grande! ¡Es imposible para mi darte cada detalle porque el tema del patrón de redención es un libro en sí mismo! Solo trato de darle un destello; el comienzo de una percepción de la gloria de este patrón que Él está revelando para que usted pueda comenzar a observarlo por usted mismo. Si no lo comunico para que cobre sentido, pase tiempo con ello hasta que el Espíritu Santo le revele la magnitud de su importancia.

Desde el momento en que Adán y Eva pecaron contra Dios y fueron expulsados del Huerto del Edén, Dios tuvo una visión de redención enfocada. Puso en marcha un plan para recobrar a su compañera íntima, para restaurar la tierra caída y traer vindicación en contra de Satanás quien le robó todo. En Génesis 3:15, Él se dirigió a Satanás advirtiéndole que hay Uno quien le heriría la cabeza. "Ese" a quien se refería era el futuro Mesías, que sabemos que es Jesús. El plan se puso en acción y continuará en marcha hasta ese día en el siglo venidero cuando la tierra será perfecta otra vez. Satanás y la maldad serán removidos, y Jesús, con su Esposa, presentará a la tierra restaurada como presente para el Padre. Su trono podrá descender una vez más con la tierra santificada, tal y como era en el Huerto del Edén antes de la caída del hombre. No hay poder en la tierra ni en el infierno que pueda detenerlo. Dios, por su puesto, podría cumplirlo por si mismo, pero escogió tener compañeros humanos en su mandato de redención. En su libro, _The Jewish Way_, Rabí Irving Greenberg afirma que, desde el punto de vista judío, esto es verdad. Él dice,

> **"La religión judía está fundada en la seguridad divina y creencia humana de que el mundo será perfeccionado...pero la última declaración ideal no será entregada a los humanos de parte de una orden divina milagrosa. De acuerdo con el judaísmo antiguo, solo Dios es la tierra de vida divina, pero Dios ha elegido a una compañera en el proceso de perfección. La meta final será conseguida mediante la participación humana." (pág. 18.19)**

En el capítulo 2 de este libro aprendimos que esta tarea otorgada a los judíos de parte de Dios, se le llama _Tikun Olam_, "reparando el mundo." Dios escogió a un hombre, Abraham, quien fue su fiel amigo y le dijo que mediante su heredero saldrían grandes multitudes.

*"Porque ciertamente Abraham llegará a ser una nación grande y poderosa, y en él serán benditas todas las naciones de la tierra." (Gn. 18:18)*

Dios le dijo a Abraham que los hijos de Israel estarían en cautiverio por 400 años también.

*"Y Dios dijo a Abram: «Ten por cierto que tus descendientes serán extranjeros en una tierra que no es suya, donde serán esclavizados y oprimidos durante 400 años. Pero Yo también juzgaré a la nación a la cual servirán, y después saldrán de allí con grandes riquezas. (Gn. 15:13-14)*

Ahora encontramos en el libro de Éxodo algunas de las cosas que el Señor le dijo a Abraham que están cumpliéndose. Se han convertido en una gran multitud y han estado cautivos en una tierra extranjera sobre 400 años. Ya es tiempo. ¿Para qué? Ya era tiempo de que se cumplieran las palabras que Dios le dijo a Abraham que se habían puesto en marcha desde que fueron señaladas en Génesis 3. Dios le estaba dando a Abraham un sentido de destino por la simiente prometida que vendría de su unión con Sara. ¡Sus herederos serían esclavos de una gran nación, pero su liberación se volvería un patrón de una futura redención mesiánica que un día incluirá la liberación y salvación de todo el mundo! Los pasos que Dios le otorgó a Moisés para liderar a los hijos de Israel; para salvarlos de la esclavitud, libertarlos del cautiverio, redimirlos a través del agua que trajo juicio a sus enemigos y luego los llevó a una montaña para hacer votos nupciales, no es tan solo una historia bíblica. ¡Es el plan de redención, el evangelio del Nuevo Testamento! Eso es lo que le mostraré al final de este capítulo.

Recuerde, hay pasos que los hijos de Israel siguieron a través de Éxodo 12-19. Cuando se encontraban en el viaje desde Egipto al Monte Sinaí, no tenían idea de que estaban siguiendo las festividades de Levítico 23 que pronto serían otorgadas a Moisés cuando se encuentre con Dios en la montaña. ¡Siguieron el patrón y Moisés documentó las festividades del Señor en escrituras que correspondían a los cuatro pasos de redención que habían practicado! Ellos ensayaron cada una de estas festividades por los próximos 1,500 años familiarizándose suficientemente con ellas para que, en la llegada de su Mesías para cumplirlas como Varón de Dolores y Rey Conquistador, no se perdieran su visitación en la tierra. Dios decía una y otra vez, "Recuerden, Yo soy el Dios de Abraham, Isaac y Jacob, quien los sacó de Egipto con poderosa mano." Practicaron (y todavía lo hacen) su liberación mediante la sangre un cordero y la redención mediante el agua. Restablecieron su cambio de identidad, de esclavos a hijos, de hijos a sacerdotes, de sacerdotes a la Esposa, cada año, cada primavera, por 1,500 años. Aun así, muchos desaprovecharon el tiempo de su primera venida cuando Él se convirtió en el Cordero de la Pascua durante la Pascua, fue sepultado durante la Fiesta del Pan sin Levadura, se levantó de la tumba durante la Fiesta de Primicias de la Cosecha de Cebada, y derramó de su Espíritu Santo durante la Fiesta de las Semanas (*Shavuot* en hebreo, *Pentecostés* en griego).

Jesús cumplió perfectamente sus citas en la primavera; pero la historia de amor no se detiene en la primera venida de Jesús. Él tiene tres citas más que cumplir en Su agenda. Estas son las festividades de otoño que son el patrón de Su segunda venida a la tierra como Rey Conquistador. Si usted lee la progresión en Levítico 23, se les presenta como, la Fiesta de las Trompetas, el Día de Expiación y la Fiesta de los Tabernáculos. Recuerde que el mandato otorgado a los judíos en el Monte Sinaí fue que fueran luz para las naciones para cumplir la promesa de Dios con Abraham: ***"En tu simiente serán bendecidas todas las naciones de la tierra" (Gn. 22:18).*** Su tarea fue ser redentores llevando *Tikun Olam*, la sanidad al mundo, con Dios como su compañero pactado, hasta la venida del Rey Conquistador para quitar la maldad para que el trono de Dios descienda. Es por eso por lo que los judíos no hablan del cielo. Siguen un patrón de redención con Dios, el cual se encuentra en las festividades bíblicas, y su futuro eterno es regir y reinar con Él en una tierra redimida la cual se convertirá otra vez en el Paraíso. Contrario a esto, a menudo el cristianismo ve la primera venida de Jesús como un medio para vivir la eternidad en el cielo. El *Rabí* Greenberg, en su libro, *The Jewish Way*, hizo una observación interesante acerca de esto. Él dijo,

> **"Ellos** (cristianos) **tradujeron el concepto de la redención mesiánica a un estado de salvación personal, removiéndola del reino de la historia...el verdadero mesías no estaba en el mundo físico externo. Actuaron de acuerdo con el modelo del Éxodo judío buscando una solución, resolviendo las tensiones de una manera que eventualmente los alejó del judaísmo."** (pág. 37)

En otras palabras, no hemos sido conectados al calendario hebreo donde se encuentran Sus citas. Hemos perdido el plan de acción de Su plan de redención. Jesús vino la primera vez para redimir a una Esposa y prepararla para Su regreso. Él vendrá a la tierra la segunda vez para regresar por Su Esposa, purificar el planeta y establecer Su reino en la tierra donde reinará con Su pueblo por siempre. Somos parte de todo este evangelio...este guion épico...presentado en vivo en la historia...viviendo conectados con judíos y gentiles juntos en comunión con Él hasta la llegada de esa redención final. Debemos regresar a la cinta transportadora, en Su calendario bíblico con Él y Su pueblo judío, ensayando su *moedim*, o 'citas', hasta que Él regrese.

Me repito una y otra vez, pero siento que el Señor desea que lo mencione repetidamente. Los pasos que siguió Moisés, mientras lideró a los hijos de Israel fuera de la esclavitud, fuera de Egipto, a través del Mar Rojo, y hasta una montaña, ¡fue EL MISMO PATRÓN QUE EL MESÍAS SEGUIRÍA EN TIEMPO REAL SOBRE LA TIERRA! PRIMERO MOISÉS…LUEGO JESÚS, un Profeta como Moisés (Dt. 18:18), siguió los mismos pasos para obtener una Esposa. Siento repetirlo nuevamente. EL PROPÓSITO DE ESTE PLAN TIENE UNA META: OBTENER LA ESPOSA. Una vez usted lo vea, toda la Biblia, tanto como nuestro propósito como creyentes en Jesús, se vuelve el epicentro. Dios no quería que Su pueblo fuera salvo y liberado de Egipto por solo el bien de la libertad. Sacó a un pueblo para llevarlos a una montaña para entrar en un pacto nupcial. Cuando contraemos matrimonio, nos volvemos uno con esa persona, nuestros llamados, metas en la vida se unen y se vuelven uno. Una vez pactados con Dios en Éxodo 19, se les otorgó una tarea a los hijos de Israel como seguidores de Él. Su nuevo mandato es hacer ahora lo que Él hace. ¿Qué hace Dios? Intercede, redime, repara, y restaura todo lo que ha sido manchado por el enemigo, y continuará haciéndolo hasta que toda la gente, lugares y cosas sean hechas nuevas. El Sermón del Monte que Jesús presentó en el Nuevo Testamento fue un recordatorio de ese mandato para los judíos. Este es el mandato al cual Romanos 11 dice que hemos sido injertados. Se que estoy repitiendo lo que ya mencioné en el capítulo 2 pero este patrón de redención es vital para comprender.

Moisés escribió las Festividades del Señor de Levítico 23 de acuerdo con este patrón que les hizo seguir. ¡Qué irónico, que Dios haya convertido este vigésimo tercer capítulo, aparentemente insípido, en un libro de la Biblia que parece estar cargado con normas y rituales aburridos, convirtiéndolo en el capítulo clave en las escrituras! ¡Pienso que lo mantuvo escondido aquí para guardarlo por 2,000 años de la historia de la iglesia, sabiendo que, como gentiles, conseguiríamos ojearlo (si lo leemos), viendo absolutamente nada que podría ser relevante para la iglesia actual! ¡Quién habría pensado que Levítico 23 sería el capítulo que contiene un plan, que ha sido escondido de tanto judíos como gentiles, de cómo el Mesías vendría a la tierra pero que ahora está siendo revelado a aquellos que lo aman!

Necesito darles un pensamiento muy importante antes de entrar en mi explicación de cómo Jesús cumplió los eventos de Éxodo 12-19 que se convirtieron en las festividades de Levítico 23. Es algo exquisito que usted debe comprender. La 1ra venida de Jesús fue gloriosa más allá de las palabras. Pensar en Su muerte en la cruz me abruma y va más allá de la comprensión. Sin embargo, el evangelio no culmina con Su muerte y resurrección. Como iglesia, hemos hecho lo que Él cumplió en Su primera venida a la tierra el principio y final de la salvación y redención. No es el final y, como creyentes, nuestro único trabajo no es llevar a todos los que podamos al cielo durante esta vida. Eso es parte de nuestra tarea, pero es mayor que eso. Hemos sido injertados en el mismo mandato que recibió la Esposa judía en el Monte Sinaí. Como Su Esposa prometida, somos coparticipes con Él. Debemos vivir siendo luz y sal, amando a Dios y a los demás, llevando vida, sanidad, y salvación a los necesitados. Los judíos se enfocan en restaurar este mundo caído porque esa es su tarea dada por Dios, la cual ahora se ha vuelto nuestra. No podemos cumplirla como creyentes por nuestra cuenta. Este andar con el Señor fue hecho para comunidades y familias. *Éx. 19:2* dice, *"...y acamparon en el desierto. Allí, delante del monte, acampó Israel."* El verbo "acampó" en este versículo es singular. Eran como un solo hombre aproximándose ante Dios en esa montaña.

Años atrás, durante la adoración estábamos cantando una canción de Romanos acerca de correr la carrera, manteniendo los ojos en la recompensa y me imaginé este maratonista solitario dando lo mejor se sí para llegar a la meta. Sentí al Espíritu Santo susurrarme, "Es una carrera de relevo, no un maratón, y todos participan juntos." Después lo vi. Todos tenemos un turno para "llevar la antorcha" en nuestra vida y luego tenemos el privilegio de pasarla a la próxima generación, en fila. Nuestros ancestros están en las líneas de banda levantando nuestro ánimo para dar lo mejor, continuando hacia la recompensa que todos recibimos al final. Dios me dio una escritura que se ha vuelto mi oración concerniendo mi "antorcha" o mensaje que llevo. *Salmo 71:17-18* dice,

*"Oh Dios, Tú me has enseñado desde mi juventud, y hasta ahora he anunciado Tus maravillas. Y aun en la vejez y las canas, no me desampares, oh Dios, hasta que anuncie Tu poder a esta generación, Tu poderío a todos los que han de venir."*

Somos copartícipes, redimiendo a tantos como podamos, llevando tanta luz como podamos a donde quiera que vayamos. Somos contribuidores en nuestra generación; en nuestro trabajo, hogares, familias, comunidades...en la vida, donde Dios se une con nosotros y en nosotros. Somos parte de una historia mucho más grande que nosotros mismos, pero nuestro rol es vital sin importar cuan grande o pequeño parezca. Tenemos heridas, contratiempos y enemigos que tratan de distraernos y hacernos renunciar, pero debemos continuar escuchando las multitudes que nos antecedieron, paradas en las líneas de banda, diciendo, "¡Continúa! ¡Puedes hacerlo! ¡No renuncies ahora! ¡Casi llegas a la meta!" La realidad es que hay más con nosotros que contra nosotros...ejércitos de ángeles y "una gran nube de testigos" quienes tuvieron gran coraje cuando fue su turno de correr la carrera, de continuar siguiendo a Jesús...creyendo y pasando el testimonio de su fe...su antorcha, a nosotros.

¡Todo el evangelio de principio a fin puede encontrarse desde Éxodo 12 al 40 y en Levítico 23! En este libro solo hablaremos de las festividades de primavera. Hablaremos del patrón de las festividades de otoño en mi segundo libro donde solo puedo especular y maravillarme ya que esas festividades son proféticas y están por acontecer. Para cuando culminemos, espero que usted esté maravillado ante la perfección de este plan y visión como lo he estado todos estos años. Comenzaré estableciendo un breve fundamento de un día hebreo, cómo y por qué Dios cambió el calendario hebreo en Éxodo 12 para que podamos ir paso a paso con los israelitas en su jornada saliendo de Egipto.

# MISTERIO DEL SOL Y LA LUNA

*Génesis 1:1* comienza con, *"En el principio Dios creó los cielos y la tierra."* Luego, el capítulo desenvuelve la orden de su creación. Hay dos claves, no solo para comprender el patrón de las festividades, sino para comprender los conceptos bíblicos hebreos. Lo primero que debemos ver es que el día bíblico comienza en el atardecer y continua hasta el atardecer del próximo día. Vemos esto en el capítulo 1.

*"Y Dios llamó a la luz día y a las tinieblas*

*llamó noche. Y fue la tarde y fue la mañana: un día." Gen. 1:5*

Esto es tan consistente con el tema de redención que fluye a través de todo pensamiento hebreo. La luz siempre triunfa sobre la oscuridad.

*"En Él estaba la vida, y la vida era la Luz de los hombres. La Luz brilla en las tinieblas, y las tinieblas no la comprendieron (dominaron)." (Jn. 1:4-5, paréntesis añadido.)*

Así que un día hebreo comienza con luz mientras el sol se pone y culmina en luz mientras el sol se pone al día siguiente. A diferencia de nuestro día, según el calendario gregoriano (el calendario más extensamente usado), que comienza en la hora más oscura; la media noche, y culmina el próximo día en la misma hora oscura otra vez, cuando hay menos luz.

Lo segundo que deseo señalar es la importancia del sol, la luna y su propósito. Como mencioné en el capítulo 2, la palabra hebrea para festividades en Levítico 23:2 es *moedim,* que significa "citas." *Génesis 1:14* dice,

*"Entonces dijo Dios: «Haya lumbreras en la expansión de los cielos para separar el día de la noche, y sean para señales, para estaciones, para días y para años"*

La palabra hebrea para "señales" en este versículo es *owth*, y significa "señal;" como un código morse enviando una señal o alarma. ¡La palabra hebrea para "estaciones" es *moedim* también, la misma palabra para festividades o citas! ¡Dios está diciendo que Él puso el sol y la luna en el cielo para señalarle Su venida a la tierra! Las citas de Dios se encuentran en el calendario lunar hebreo, (y solar, pero usted tendrá que estudiarlo por si mismo) y está establecido de acuerdo a la luna nueva del mes hebreo, *Tishri*. Esto será muy importante cuando estudiemos más las festividades de otoño por ahora, deseo que usted tenga una comprensión básica del calendario de Dios por el bien de mostrarle cómo Jesús cumplió perfectamente el patrón de Levítico 23 de las festividades de primavera.

# El calendario hebreo:

## Los primeros dos meses

Busque la tabla del **Apéndice E** y verá el calendario bíblico. Verá los 12 meses hebreos paralelo con nuestro calendario gregoriano. Los animo a que estudien con más detenimiento por su cuenta. No es que sea difícil comprender el calendario hebreo, es solo que, si hemos estado una vida entera usando nuestro calendario gregoriano, nos parecerá extraño. Debo añadir una historia personal acerca del calendario que podrá exhortarle.

Ocho años atrás les enseñaba a unos buenos amigos nuestros, Jess y Alice, acerca de las festividades. Llegamos a esta parte que comparto ahora con ustedes acerca del calendario hebreo y Jess estaba confundido. Traté de explicárselo con tablas y largas explicaciones, pero él no lograba entenderlo. Pasaron unos meses, y un día me topé con Jess y vino a mí con lágrimas en los ojos, diciendo, "Lo capté." Yo dije, "¿Qué captaste?" Él dijo, "El calendario. Vino a mí por revelación del Señor." Mucho de lo que comparto acerca de nuestras raíces hebreas es desconocido. Haga lo que hice. Haga lo que hizo Jess. Pida la revelación del Espíritu Santo. Él es un gran maestro.

Los hebreos creen que el mundo fue creado en *Tishri* 1. Si observa el calendario en el **Apéndice E**, verá que comienza durante nuestro mes de septiembre/octubre. Se considera el primer día del Año Nuevo Hebreo. Este es el día que los hebreos creen que Dios proclamó la existencia del mundo y se le llama *Rosh Hashanah*, que significa "cabeza del año." La luna nueva de *Tishri* 1 establece el calendario civil/secular para el resto del ciclo lunar de los meses. Pero si usted lee Éx. 12:1, Dios le otorga a Su pueblo un nuevo mes creando un orden religioso/sagrado para el calendario existente. Este nuevo mes primero, conocido como *Nissan* o *Aviv*, marca el comienzo de su dramática liberación fuera de Egipto. Imagine esto; después de aproximadamente 2,500 años de historia humana, es como si Dios descendiese, establece Su afecto sobre un pueblo, y dice,

> *"Suban más alto…Quiero que estén donde yo estoy. Es tiempo de andar al paso de los ritmos del cielo. Es tiempo de revelar mi patrón de citas en Lev. 23."*

En este calendario santo, el mes de *Tishri* se convierte en el 7mo mes en vez del primero. Como resultado, su pueblo ahora tiene un calendario y dos meses primeros. Ahora leamos el versículo:

> **"En la tierra de Egipto el Señor habló a Moisés y a Aarón y les dijo: «Este mes** (*Aviv*, conocido como *Nissan* después del cautiverio babilonio) **será *para ustedes el principio de los meses. Será el primer mes del año para ustedes."* (Éx. 12:1-2, paréntesis añadido)**

Por tanto, lo que Dios les dice a los hijos de Israel es, *"De ahora en adelante Tishri continuará siendo el primer mes de tu calendario civil, pero ahora estoy estableciendo un nuevo mes primero para mi calendario sagrado, para separar el secular del sagrado y marcar el día en el que comenzaré a atraerte, comenzando mi cortejo contigo para tomarte como mi compañera pactada."* En otras palabras, así como hay un día que celebramos el haber nacido en el mundo también hay un día en el que somos nacidos de nuevo. Los hijos de Israel de Éxodo 12:1 tenían ahora un mes primero religioso y las citas de Dios estaban establecidas a esto. *Tishri* permaneció como el mes primero del calendario secular conmemorando el cumpleaños del mundo, pero se convirtió el séptimo mes en el calendario religioso, y la fecha de la primera festividad de otoño de *Yom Teruah* (Fiesta de las Trompetas). Quiero presentarles la idea de dos teatros. En vez de ver un plano dimensional del calendario, imagínelo en dos dimensiones, el cielo y la tierra, moviéndose simultáneamente. **(Vea el Apéndice D)** No espero que ahora lo entienda por completo, pero le prometo que, si pide el espíritu de revelación, verá la magnitud del gesto tierno que vino del corazón de Dios para marcar la estación de su compromiso.

## Dios comienza a cortejar a Israel

En el libro de Éxodo encontramos el plan de Dios para libertar a su Esposa elegida de su esclavitud mientras Él desenvuelve el tiempo de su romance divino para que de comienzo. En caso de que usted piense que estoy romantizando una porción de la escritura para probar mi punto de vista, permítame recordarle la perspectiva de Dios acerca de lo que estaba tomando lugar en su corazón cuando los sacó de Egipto. En *Jer. 2:2*, cuando se lamenta por la esposa infiel, Él dice,

*"Ve y clama a los oídos de Jerusalén, diciendo:*

*"Así dice el Señor: 'De ti recuerdo el cariño de tu juventud, tu amor de Esposa, de cuando me seguías en el desierto, por tierra no sembrada."*

Dios y los judíos recuerdan a Éxodo 12 como el momento en que Dios comenzó a cortejarlos. Me gustaría compartir una cita de una página web judía que habla de esta realidad:

"Es costumbre leer el antiguo "canto de amor" del Rey Salomón, llamada *Shir Hashirim* (**מירישיר הש**), o "Cantar de Cantares" durante el *Shabat* de la semana de la Pascua. En la tradición judía, los sabios escogieron este canto para celebrar el amor de Dios por su pueblo ya que la Pascua señala el tiempo en que comenzó nuestro "romance" con Dios." Normalmente, el Cantar se interpreta como una alegoría del romance entre Dios y su pueblo. Por tanto, el Amado (que representa a Dios) dice, "Como un lirio entre espinos, así es mi amor por ti entre las doncellas;" y la joven (representando al pueblo de Dios) responde, "Como un manzano entre los árboles del bosque, así es mi amado entre los hombres. Me deleito al sentarme a su sombra, y su fruto es dulce a mi paladar" (Cnt. 2:2-3). El erudito judío, Maimonides, debatió que el Cantar era para enseñar acerca de *Ahavat HaShem*

(תבכהא היהי, "Por el amor de Dios"). El mundo entero consiguió su valor supremo solo en el día en que el Cantar de Cantares fue entregado a Israel" (*Mishnah Yadayim*, 3:5). Rashi coincide y declara que todas las referencias al Rey Salomón (שלמה) en los Cantares se refieren al Señor, el Rey del universo quien crea La Paz (שלום)en sus lugares altos. Soren Kierkegaard iguala el Cantar a una parábola acerca del disfraz del amor, la tierna pasión escondida para elevar la identidad del Amado. Rashi interpretó el Cantar como una alegoría de una joven y hermosa mujer (la sulamita) quien se compromete y luego contrae matrimonio con el rey. Sin embargo, tiempo después, la mujer le fue infiel, y el rey la envió al exilio para vivir como una "viuda." A pesar del dolor en su corazón, el amor del rey por ella se mantuvo constante, y secretamente veló por ella y la protegió "tras las cortinas." Finalmente, cuando ella se decidió a regresar y serle fiel solo a él, el rey la aceptó, con amor plenamente restaurado. Para Rashi, los judíos estaban "comprometidos" con Dios cuando Él les sacó de Egipto. En aquel tiempo, Israel hizo votos de amor y lealtad solo a Dios en Sinaí (un tipo de *chuppa* o dosel nupcial), pero después probó ser infiel, primero con el pecado del Becerro de Oro, y después con actos subsecuentes de infidelidad. En efecto, su infidelidad fue tan grande que Dios la envió al exilio reaciamente. De acuerdo con Rashi, el primer versículo, "Si él me besará con los besos de su boca, pues su amor es mejor que el vino" (Cnt. 1:2), es hablado alegóricamente por Israel en su exilio, mientras ella añora la antigua intimidad compartida con Dios."

"Yo soy de mi amado, y él es mío; él pasa por los lirios." Cnt. 6:3

(Hebrew4Christians, Shir Ha Shirim)

# Cómo Jesús cumplió las Festividades de Primavera

Comenzando con Éxodo 12:1, sígame y rastrearemos el patrón de las festividades que Moisés le enseñó a los hijos de Israel cuando fueron libertados de Egipto.

También añadí un lapso de tiempo en el **Apéndice F** como referencia para usted. Considere que ellos no sabían que estaban estableciendo un patrón para las festividades determinadas en las cuales sus descendientes practicarían por milenios. Practicaban la vida y experimentaban el drama en desarrollo de su jornada del cautiverio a la libertad.

Habían escuchado de Dios en anécdotas dichas por sus padres, pero ahora Dios les mostraba que era real y descendió en su gran poder manifestando señales y prodigios sobrenaturales. La nación donde vivieron como esclavos por 430 años estaba siendo destruida a su alrededor. Dudo que hayan comprendido la magnitud del momento profético en donde se encontraban, y ciertamente no habrían podido comprender los precedentes que Dios estaba estableciendo en el tiempo de estos eventos en su futuro. No creo que Moisés lo haya comprendido también. Cuando él se encontró con Dios en la cima del Monte Sinaí, se le dio el patrón de las festividades que luego fueron escritas en Levítico 23, y se le enseñó cómo observarlas. Luego, maravillosamente, 1,500 años después, Jesús vino, siguió el mismo patrón presentado en Éxodo 12-19 y cumplió las festividades de acuerdo a los ritos y ceremonias otorgadas a Moisés. Considere que estas ceremonias eran enseñadas por generaciones y mantenidas con vida hasta la venida de Jesús, y mucha de su liturgia se observa aún. Repasemos la primera Pascua, la Fiesta del Pan sin Levadura, las Primicias y la Fiesta de las Semanas con Moisés y los hijos de Israel, y observe cómo Jesús las cumplió 1,500 años después.

El primer mandato otorgado a Moisés se encuentra en *Éxodo 12:3*.

## 10 de Avív: 1,500 aC

*"Hablen a toda la congregación de Israel y digan: "El día diez de este mes cada uno tomará para sí un cordero, según sus casas paternas; un cordero para cada casa."*

Cada familia debía escoger un cordero, y amarrarlo en las afueras de su morada. Lo mantendrían ahí para examinarlo asegurándose de que no tuviera imperfecciones. Sería atado en las afueras de sus puertas por 4 días, y probablemente los niños se apegaban a él emocionalmente.

## 10 de Avív: 1,500 años después

Henos aquí, 1,500 años después, listos para seguir a Jesús en la misma temporada de Pascua que vimos a Moisés y los hijos de Israel experimentar. De la misma manera en la que el cordero de Pascua era tomado el 10 de *Aviv* y amarrado en las afueras de sus casas para ser examinado por 4 días en el libro de Éxodo, así también, el cordero de Pascua fue llevado a la corte del templo de Jerusalén para ser examinado por 4 días en los días de Jesús. ¿Por qué es importante notar que Jesús vino a Jerusalén el 10? Porque este era el día en el cual los sacerdotes del templo, acompañados por cantores y músicos, traerían el cordero de Pascua a Jerusalén desde la tierra de Belén.

**NOTA:** De acuerdo a mi entendimiento de libros históricos y comentarios judíos, los sacerdotes traerían un cordero de Pascua para Israel como nación. Este cordero era cargado por un sacerdote a Jerusalén y podía ser visto públicamente en la corte del templo donde era atado y examinado por 4 días. Además, cada familia tomaría un cordero para su morada (al menos 10 personas por un cordero, para incluir visitantes para completar los diez o más). Estos corderos serían sacrificados, asados y comidos por los integrantes de la morada el 14 de *Aviv* también.

Mientras el sacerdote y su procesión descendían la colina hasta Jerusalén, el pueblo se reunía en grandes multitudes, y posaban ramas de palmera sobre el camino mientras pasaban. Los cantores y músicos cantaban el *Hallel* (alabanza) de **Salmos 118:25-29,**

*"Te rogamos, oh Señor, sálvanos ahora; te rogamos, oh Señor, prospéranos ahora. Bendito el que viene en el nombre del Señor; desde la casa del Señor los bendecimos. El Señor es*

*Dios y nos ilumina; Aten el sacrificio de la fiesta con cuerdas a los cuernos del altar. Tú eres mi Dios, y te doy gracias; tú eres mi Dios, y yo te exalto. Den gracias al Señor, porque Él es bueno; porque para siempre es Su misericordia."*

En medio de esta celebración anual trayendo a Jerusalén los corderos de Pascua el 10 de *Aviv*, el Cordero de Pascua, Jesús, descendía en medio de ellos. Aquellos que sabían que Él era el Mesías posaron ramas de palmera ante Él mientras cabalgaba el pollino hacia Jerusalén para convertirse en el Varón de Dolores que quitaría el pecado del mundo. Los Reyes de Israel cabalgaban un pollino hacia Jerusalén cuando anunciaban paz. Entraban cabalgando un caballo blanco cuando anunciaban guerra. Aún no era el tiempo de Jesús para llegar en un caballo blanco como Rey Conquistador, pero este Día acontecerá un día en el futuro.

Así como el cordero de Pascua era atado a un pilar en la corte del templo para ver que no tuviera imperfecciones, de la misma manera Jesús fue examinado por los saduceos y fariseos durante estos 4 días antes de su muerte, y le cuestionaron duramente. (Lc. 20:1-47; Mt. 22:15-46; Mc. 12:13-34)

Ya que sabemos que los corderos de Pascua eran sacrificados el 14, podemos contar hacia atrás 6 días desde el 14 en el calendario en la parte de abajo, y vemos que Jesús estaba cenando en casa de Lázaro el sábado 9 de *Aviv*. Podemos deducirlo según ***Jn. 12:1-2*** cuando dice,

> *"Entonces Jesús, seis días antes de la Pascua, vino a Betania donde estaba Lázaro, al que Jesús había resucitado de entre los muertos. Y le hicieron una cena allí, y Marta servía; pero Lázaro era uno de los que estaban a la mesa con Él."*

Considere que un día hebreo es de puesta de sol a puesta de sol. Ahora, observé mi tabla en la parte de abajo;

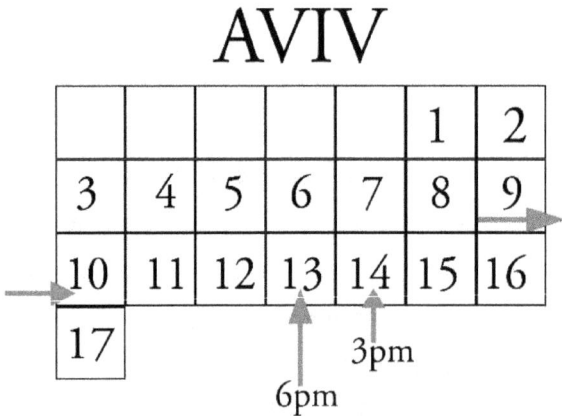

## AVIV

|    |    |    |    |    | 1  | 2  |
|----|----|----|----|----|----|----|
| 3  | 4  | 5  | 6  | 7  | 8  | 9  |
| 10 | 11 | 12 | 13 | 14 | 15 | 16 |
| 17 |    |    |    |    |    |    |

6pm     3pm

Hay una ceremonia semanal en la conclusión del *Shabat* en el atardecer del sábado, llamado *Havdalah*. Por tanto, pienso que Jesús estaba en la casa de María,

Marta y Lázaro cenando la noche del sábado y
celebrando esta ceremonia de *Havdalah*. En esta
ceremonia, un odre de vino, simbolizando el gozo del
Señor, es derramado en una copa hasta que reboza. Se
enciende una vela con cuatro mechas y se extingue en la
copa de vino. Luego, una caja de especias con aceites
fragantes y especias mezcladas va de persona en
persona, olfateando su aroma para recordar el deleite
del *Shabat*. No creo que haya sido una coincidencia que,
en esta tarde, mientras Jesús estaba con ellos, María
tomó una libra de aceite costoso y ungió los pies de
Jesús causando que la habitación se llenara con su
fragancia. Pienso que este aroma permaneció en sus
vestiduras y en su cuerpo clavado en la cruz,
recordándole acerca del amor extravagante de María
por Él, ayudándole a mantener sus ojos en, *"… el gozo
puesto delante de Él soportó la cruz, despreciando la
vergüenza, y se ha sentado a la diestra del trono de
Dios. (Heb. 12:2)*

El 10 de *Aviv* comenzó en el atardecer del 9.
Probablemente, Jesús se hospedó esa noche y vemos,
de acuerdo con las escrituras abajo, que fue a Jerusalén,
hasta el 10 de *Aviv*.

*"Al día siguiente, cuando la gran multitud que
había venido a la fiesta, oyó que Jesús venía a
Jerusalén, tomaron hojas de las palmas y
salieron a recibir a Jesús, y gritaban:
«¡Hosanna! Bendito el que viene en el nombre*

*del Señor, el Rey de Israel»."*

*Jn. 12:12-13*

Por consiguiente, concluimos que Jesús se encontraba en casa de Lázaro el 9, y murió en la cruz el 14, seis días después a las 3 pm.

## *14 de Aviv: 1,500 aC*

### *Pascua*

*"Y lo guardarán hasta el día catorce del mismo mes. Entonces toda la asamblea de la congregación de Israel lo matará al anochecer. (Éx. 12:6)*

Después de examinarlo por cuatro días sacrificarían el cordero en el crepúsculo. La palabra hebrea para crepúsculo es *Bain Arbayim*, lo cual significa "entre las tardes." Para explicarlo más a fondo, un día judío se divide en cuatro tiempos de tres horas de oración:

6 am hasta 9 am ---------oblación menor matutina

9 am hasta 12 pm -------oblación mayor matutina

12 pm hasta 3 pm -------oblación menor de la tarde

3 pm hasta 6 pm --------oblación mayor de la tarde

Por tanto, las 3 pm se conocían como "entre las tardes" o el crepúsculo.

En Éxodo 12:8-9, se dice que el cordero debía ser cocido antes de la puesta del sol. De acuerdo con el *Tractate Pesahim* en el *Mishnah* (libro judío que es la interpretación oral de la ley), el cordero era cocido en una rama de granada erguida. Esta rama de granada representa el madero donde Jesús murió. Los intestinos del cordero eran removidos para ser puestos sobre su cabeza. Por consiguiente, el cordero se refiere a él como el "sacrificio coronado.

## *14 de Aviv: 1500 años después*

### 9 am = 3ra hora

De acuerdo con la costumbre del Antiguo Israel que siguió el patrón de Éxodo 12, después de examinarlo en el atrio del templo por cuatro días, el cordero era sacrificado. En Aviv 14, el cordero de Pascua por la nación se movía del Templo en la hora 3ra. Observamos que, en los tiempos de oración en la lista de arriba, la hora 3ra = 9 am. El cordero sería amarrado aquí esperando ser ejecutado hasta la hora 9na, la cual es las

3 pm. Esto corresponde a la escritura que dice que Jesús fue clavado en la Cruz en la hora 3$^{ra}$, o las 9 am.

*Mc. 15:25, "Era la hora tercera cuando lo crucificaron."*

## 3 horas de oscuridad

*Mt. 27:45, "Desde la hora sexta hubo oscuridad sobre toda la tierra hasta la hora novena."*

## 3 pm = 9$^{na}$ hora

El sacerdote mata el cordero de Pascua en el templo de acuerdo con Éxodo 12:6 en la hora 9$^{na}$ "entre las tardes," o las 3 pm y el Sumo Sacerdote proclama, "Consumado es." Este término sería dicho por el sacerdote en el Templo ante la conclusión de la ofrenda diaria, así como las varias ofrendas especiales festivas.

Jesús respira por última vez y clama, "Consumado es."

> *"Entonces Jesús, cuando hubo tomado el vinagre, dijo: «¡Consumado es!». E inclinando la cabeza, entregó el espíritu." Jn. 19:30*

Jesús, como el Cordero de Pascua, cumplió

perfectamente el patrón de redención de Éxodo 12:6. Además, Él se convirtió en todas las ofrendas mencionadas en Levítico 1-7, cumpliéndolas para siempre. *Hebreos 10:11-14* dice,

> *"Ciertamente todo sacerdote está de pie, día tras día, ministrando y ofreciendo muchas veces los mismos sacrificios, que nunca pueden quitar los pecados. Pero Cristo, habiendo ofrecido <u>un solo sacrificio</u> por los pecados para siempre, se sentó a la diestra de Dios, esperando de ahí en adelante hasta que Sus enemigos sean puestos por estrado de Sus pies. Porque por <u>una ofrenda</u> Él ha hecho perfectos para siempre a los que son santificados.*

También es bueno considerar que luego que el esposo judío ha pagado el precio o *mohar* de la Esposa al padre de la joven, se estampaba un pergamino con las palabras: "Pago completo." A la luz de estas cosas, la proclamación de Jesús, "Consumado es" está llena de significado.

Ahora, es importante ver las escrituras que prueban que Jesús murió a la hora 9na para cumplir perfectamente a Éxodo 12:6.

> *"Y alrededor de la hora novena, Jesús exclamó a gran voz, diciendo: «Elí, Elí, ¿lema sabactani?». Esto es: «Dios Mío, Dios Mío, ¿por qué me has*

*abandonado?». Mateo 27:46*

*"Cuando llegó la hora sexta, hubo oscuridad sobre toda la tierra hasta la hora novena. Y a la hora novena Jesús exclamó con fuerte voz: «Eloi, Eloi, ¿lema sabactani?», que traducido significa, «Dios Mío, Dios Mío, ¿por qué me has abandonado?». Algunos de los que estaban allí, al oírlo, decían: «Miren, está llamando a Elías». Entonces uno corrió y empapó una esponja en vinagre, y poniéndola en una caña, dio a Jesús a beber, diciendo: «Dejen, veamos si Elías lo viene a bajar». Pero Jesús, dando un fuerte grito, expiró. (Mc. 15:33-37)*

## 15 de Aviv: 1500 aC

### Fiesta del Pan sin Levadura

*"En el mes primero, el día catorce del mes, al anochecer, es la Pascua del Señor. El día quince del mismo mes es la Fiesta de los Panes sin*

*Levadura para el Señor; por siete días comerán pan sin levadura. En el primer día tendrán una santa convocación; no harán ningún trabajo servil. Y durante siete días presentarán al Señor una ofrenda encendida. El séptimo día es santa convocación; no harán ningún trabajo servil"». Lv. 23:5-8*

Después de sacrificar el cordero de pascua en el crepúsculo del día 14, debían poner la sangre en los dinteles de las puertas (Éx. 12:7). Luego, debían cocer el cordero, comerlo con pan sin levadura y yerbas amargas (Éx.12:8), y en la puesta del sol, se volvía el día 15.

*"Pero si la casa es muy pequeña para un cordero, entonces él y el vecino más cercano a su casa tomarán uno según el número de personas. Conforme a lo que cada persona coma, dividirán ustedes el cordero. - Éx. 12:4*

*"Y aquel mismo día, el Señor sacó a los israelitas de la tierra de Egipto por sus ejércitos."    - Éx. 12:51*

*"Moisés tomó consigo los huesos de José, pues este había hecho jurar solemnemente a los israelitas y dijo: «Ciertamente Dios los visitará,*

*y entonces se llevarán de aquí mis huesos con ustedes». - Éx. 13:19*

## 15 de Avív: 1,500 años después

Jesús murió a las 3pm del 14 de *Aviv* y era el día de preparación para la Pascua. En la puesta del sol (cerca de las 6pm) se volvería el 15, la Fiesta del Pan sin Levadura. Ya que la festividad se conocía como un "Sumo *Shabat*," o "*Shabbaton*," diferente al *Shabat* semanal, debían apresurarse para bajar su cuerpo.

**NOTA:** En el siglo 1, el término "Pascua" implicaba el día 14 cuando el cordero era sacrificado, así como los siete días del pan sin levadura. A veces, se les llamaba a estos ocho días el "Pan sin Levadura" e incluía el día de la Pascua. Es lo mismo hoy día. Cuando la gente judía dice se acerca la Pascua, se refieren a los ocho días de ambas festividades. Cuando usted ve el término "día de preparación" puede estarse refiriendo al día antes de la Pascua el cual sería el 13 de *Aviv* o el día antes de la Fiesta del Pan sin Levadura que sería el día 14. Jesús habría comido una cena de Pascua en la tarde del día 13, (nuestro miércoles) se volvió el 14. La mañana próxima, todavía el 14 hasta la puesta del sol de ese día, Él fue crucificado a las 9 am y murió a más 3pm del jueves. Por la Fiesta del Pan sin Levadura, conocida como el Sumo *Shabat* o *Shabbaton* (un día sagrado donde no se hacía ningún tipo de labor), tuvieron que bajar el cuerpo de Jesús de la Cruz antes del cambio del día en la puesta del sol. Las festividades hebreas caen en días diferentes de la semana cada año. Cuando una festividad cae en un día que no es el *Shabat* (noche del viernes), se considera *Shabbaton*.

***NOTA:*** Jesús les dijo a sus discípulos,

> ***"porque como estuvo Jonás en el vientre del monstruo marino tres días y tres noches, así estará el Hijo del Hombre tres días y tres noches en el corazón de la tierra."*** *(Mt. 12:40)*

Conociendo que el *Shabat* semanal y el Sumo *Shabat* de la Fiesta del Pan sin Levadura son diferentes festividades, ayuda a explicar cómo Jesús cumplió esta profecía. Si hubiera sido puesto en la tumba antes de la puesta del sol en el *Shabat* semanal (puesta del sol del viernes hasta la puesta del sol del sábado), entonces no se habría alineado con los tres días y tres noches profetizados en Mateo 12:40. Si Jesús murió el jueves a las 3 pm y le bajaron de la Cruz antes que se volviese viernes, el *Shabat* de la Fiesta del Pan sin Levadura, entonces Él estaría en la tumba tres noches y se levantaría en la mañana del tercer día, la cual sería la mañana del domingo. Explica la discrepancia de solo dos noches si Jesús fue quitado de la Cruz el viernes del *Shabat* semanal. Esto es otro ejemplo de cuán importante es para nosotros entender las raíces judías de nuestra fe. Que maravilloso es que Jesús haya sido puesto en la tumba durante la Fiesta del Pan sin Levadura; la misma festividad que conmemoran los hijos de Israel cruzando el Mar Rojo, viendo a sus enemigos ser destruidos y desarmados en la tumba de las aguas. *Colosenses 2:14-15 dice,*

> *"habiendo cancelado el documento de deuda que consistía en decretos contra nosotros y que nos era adverso, y lo ha quitado de en medio, clavándolo en la cruz. Y habiendo despojado a los poderes y autoridades, hizo de ellos un espectáculo público, triunfando sobre ellos por medio de Él."*

También es importante considerar cómo Jesús cumplió el mandato en Éxodo 12:4, acerca de no romper ninguno de los huesos del cordero de Pascua:

> *"Los judíos entonces, como era el día de preparación para la Pascua, a fin de que los cuerpos no se quedaran en la cruz el día de reposo, porque ese día de reposo era muy solemne, pidieron a Pilato que les quebraran las piernas y se los llevaran. Fueron, pues, los soldados y quebraron las piernas del primero,*

*y también las del otro que había sido crucificado con Jesús. Cuando llegaron a Jesús, como vieron que ya estaba muerto, no le quebraron las piernas; pero uno de los soldados le traspasó el costado con una lanza, y al momento salió sangre y agua. Y el que lo ha visto ha dado testimonio, y su testimonio es verdadero; y él sabe que dice la verdad, para que ustedes también crean. Porque esto sucedió para que se cumpliera la Escritura: «No será quebrado hueso Suyo». Y también otra Escritura dice: «Mirarán a Aquel que traspasaron».*

**Jn. 19:31-37**

El cuerpo de Jesús fue envuelto en lino.

*"quien compró un lienzo de lino, y bajando el cuerpo de la cruz, lo envolvió en el lienzo de lino y lo puso en un sepulcro que había sido excavado en la roca; e hizo rodar una piedra a la entrada del sepulcro."*

**Mc. 15:46**

Cuando los hijos de Israel abandonaron a Egipto en medio de la noche, su primera parada fue ir por los huesos de José (Éx. 13:19). Es interesante cómo el lugar a donde llevaron el cuerpo de Jesús fue una

tumba que le pertenecía a un hombre llamado

José. Fue profetizado que Jesús, el Mesías, sería sepultado en tumba de ricos (Is. 53:9; Mt. 27:57; Lc. 23:51). ¿Por qué Jesús fue sepultado en la tumba de José de Arimatea? Arimatea era otro nombre para Ramá, donde habitaba Samuel. Está a cinco millas al norte de Jerusalén. Actualmente, este lugar aún es llamado Ramá. En tiempos antiguos, era costumbre que los judíos fueran sepultados en Jerusalén. De hecho, todavía se practica actualmente porque es tradición del judaísmo creer que la resurrección de los muertos tomará lugar primeramente en Jerusalén.

En el libro de Génesis, José, el hijo de Jacob, hizo jurar a los hijos de Israel que cuando fueran a la Tierra Prometida llevarían sus huesos con ellos (Gn. 50:24-26). Ramá era un término que representaba idolatría. Dos países fueron llamados la silla de idolatría en el mundo antiguo: Babilonia y Egipto. José, hijo de Jacob, fue conocido como José de Ramá también. Moisés llevó con él los huesos de José cuando él y los hijos de Israel viajaron a Sucot (Éx. 13:19-20). Por tanto, la tumba de José estaba vacía. La tumba de José de Arimatea (Ramá) que quedó vacía, la cual representaba iniquidad, fue un cumplimiento de Isaías 53:9.

# Jesús se volvió el "Afikoman" de la Pascua

¿Recuerda la revelación que tuve durante esta ceremonia en casa de mis suegros, en mi primer *Seder* de Pascua? Justo después de comenzar el *Seder* (orden de servicio), tres *matzahs* son removidos de un bolso especial y el *matzah* en el medio se quiebra, se envuelve en un pañuelo de lino blanco y se esconde para que los niños lo encuentren al final de la cena. El Espíritu Santo me reveló que estaba hablando claramente del quebrantamiento de Jesús, envuelto en mantos de sepultura y sepultado en la tumba. La palabra *"afikoman"* vino del tiempo de Jesús y era una palabra griega traducida como, "aquello guardado para el final." Porque era lo último que se ingería en la Pascua, también era conocido como "la satisfacción," o la parte más satisfactoria de la tarde que permanece aún cuando todo ha culminado.

> *"Yo soy el pan vivo que descendió del cielo; si alguien come de este pan, vivirá para siempre; y el pan que Yo también daré por la vida del mundo es Mi carne». Jn. 6:51*

*"Limpien la levadura vieja para que sean masa nueva, así como lo son en realidad sin levadura. Porque aun Cristo, nuestra Pascua, ha sido sacrificado. Por tanto, celebremos la fiesta no con la*

*levadura vieja, ni con la levadura de malicia y maldad, sino con panes sin levadura de sinceridad y de verdad."*

*Co. 5:7-8*

## 17 de Aviv: 1500 aC

### Primicias de la Cosecha de Cebada

*"«Di a los israelitas: "Cuando ustedes entren en la tierra que Yo les daré, y sieguen su cosecha, entonces traerán al sacerdote una gavilla de las primicias de su cosecha. Y él mecerá la gavilla delante del Señor, a fin de que ustedes sean aceptados; el día siguiente al día de reposo el sacerdote la mecerá."*

*Lv. 23:10-11*

Si continúa leyendo el libro de Éxodo, Moisés le pidió al Faraón que les dejara ir a un viaje de tres días para servirle al Señor. Faraón le dijo a Moisés que llevara a los hijos de Israel fuera de Egipto tal y como Moisés había pedido (un viaje de tres días), después de la muerte del primogénito (Éx. 12:31). Salieron de Egipto un poco después de la media noche y el amanecer del 15 de *Aviv*, y su primera parada fue ir por los huesos de José en *Sucot* (Éx. 13:19-20). Acamparon allí en la noche (Núm. 33:5), y en la mañana, aun 15 de *Aviv*, se dirigen hacia *Etam* (Núm. 33:6), donde acampan en la noche cuando el día cambia al 16 en la puesta del sol. La mañana siguiente, aun 16, se dirigen a *Pi Hahiroth* al lado del Mar Rojo (Núm. 33:7). Faraón y su ejército se acercan al campamento mientras se vuelve el 17 en la puesta del sol. Observamos que Faraón sí llegó en la tarde del día 17 en Éxodo 14:20-21, y el Señor puso un pilar de nube y fuego entre sus ejércitos y los hijos de Israel. Dice que toda la noche (aun 17 de puesta del sol a puesta del sol), el pueblo de Dios cruzó el Mar Rojo, y Éxodo 14:23-24 dice que Faraón entró al Mar Rojo durante la vigilia de la mañana y Dios los ahogó en las aguas.

**NOTA***:* La vigilia de la mañana en un día judío es el último tercio de la noche antes del amanecer.

Sabemos que los hijos de Israel salieron del mar a tierra seca antes del amanecer el 17 de Aviv. Esto sería escrito en Lev. 23:10-11 como la Fiesta de las Primicias cuando es cosechada la cebada, la primera cosecha de la primavera. Más adelante en el libro de Oseas, Dios recuerda estos eventos y tiernamente dice, ***"Cuando Israel era niño, Yo lo amé, y de Egipto llamé*** *a Mi hijo" (Os. 11:1).* Es interesante notar que lo mismo se dice de Jesús en *Mt. 2:14-15,*

> *"Y levantándose José, tomó de noche al Niño y a Su madre, y se trasladó a Egipto; estuvo allá hasta la muerte de Herodes, para que se cumpliera lo que el Señor habló por medio del profeta, diciendo: «De Egipto llamé a Mi Hijo»."*

## 17 de Aviv: 1,500 años después

> *"El primer día de la semana María Magdalena fue temprano al sepulcro, cuando todavía estaba oscuro, y vio que la piedra ya había sido quitada del sepulcro. Entonces corrió y fue adonde estaban Simón Pedro y el otro discípulo a quien Jesús amaba, y les dijo: «Se han llevado al Señor del sepulcro, y no sabemos dónde lo han puesto»."*

> *Jn. 20:1-2*

En este día, el Sumo Sacerdote cortaría un manojo de cebada para ser mecida ante Dios en el templo de Jerusalén para guardar esta festividad de acuerdo a las ordenanzas de Moisés en *Lv. 23:10-11 (paréntesis añadido),*

> **"«Di a los israelitas: "Cuando ustedes entren en la tierra que Yo les daré, y sieguen su cosecha, entonces traerán al sacerdote una gavilla de las primicias de su cosecha. Y él mecerá la gavilla delante del Señor, a fin de que ustedes sean aceptados; el día siguiente al día de reposo el sacerdote la mecerá."**

En otras palabras, el manojo de cebada debía ser mecido en el domingo después de la Pascua. Esta fue la festividad llamada las Primicias de la Cosecha de Cebada. El sacerdote en el templo ascendía los escalones hasta el altar, guardando la costumbre ceremonial de esta festividad, y decía, "No me toquen, porque aún no he ascendido."

Con eso en mente, podemos entender el hecho confuso de lo que Jesús le dijo a María, su valiosa amiga. Estoy segura de que lo primero que ella quiso hacer fue correr y darle a Jesús un fuerte abrazo, después de haber resucitado de los muertos y apareciéndose ante ella. El comentario que Jesús le hace casi parece una reprimenda severa si no se comprende el contexto.

> **"Jesús le dijo: «Suéltame porque todavía no he subido al Padre; pero ve a Mis hermanos, y diles: "Subo a Mi Padre y Padre de ustedes, a Mi Dios y Dios de ustedes".**

Jesús estaba cumpliendo la próxima festividad en el patrón de Levítico 23 como el Varón de Dolores y el Gran Sumo Sacerdote. ¡Se había convertido en el Cordero de Pascua, fue puesto en la tumba durante la Fiesta del Pan sin Levadura, y ahora estaba cumpliendo las Primicias de la Cosecha de Cebada del 17 de *Aviv*, ascendiendo al cielo como la ofrenda mecida delante del Padre! Es maravilloso en su perfección, y aún tiene una antigua festividad de la lluvia por cumplir como Varón de Dolores: la Fiesta de *Shavuot* (Fiesta de las Semanas, o primicias de la cosecha de cebada).

Hasta ahora he encontrado tres eventos bíblicos significantes que se alinean con el 17 de *Aviv*, la festividad de las Primicias de la Cosecha de Cebada. (¡Conociendo a Dios y la perfección de su palabra, estoy segura de que hay más por revelarse!)

- ***Gn. 8:4: "Y en el día diecisiete del mes séptimo, el arca descansó sobre los montes de Ararat."*** Recuerde, antes de Éxodo 12, el primer mes era *Tishri,* volviendo *Aviv* el mes 7mo. Este era el 17 de *Aviv.*

- Los hijos de Israel cruzaron el Mar Rojo toda la noche del 17 de *Aviv* y la mañana del 17 subieron a tierra seca, Éx. 14:28-29.

- Jesús estuvo en la tumba desde el final del 14 de *Aviv* y la mañana del 17 de *Aviv,* fue levantado de los muertos y ascendió a la diestra del Padre como la ofrenda mecida de las Primicias de la

Cosecha de Cebada, y luego apareció esa tarde para cenar con sus discípulos.

**Nota:** De acuerdo con el *Talmud*, el cordero de Pascua en Éxodo era sacrificado a las 3pm un jueves 14 de *Aviv*, cocido y comido en la puesta del sol volviéndose viernes 15 de *Aviv*, y abandonaron a Egipto en medio de la noche. Llegaron al Mar Rojo un sábado 16 de *Aviv*, y en la puesta del sol, volviéndose domingo 17 de *Aviv*, cruzaron toda la noche llegando al otro lado en la mañana, del mismo domingo. ¡La probabilidad del alineamiento de los días de la semana 1,500 años después es nada más que milagroso!

Amo el hecho de que después que Jesús ascendió como la ofrenda de cebada mecida delante del Padre, descendió a la tierra y se les apareció a dos seguidores sin esperanza que se encontraban desesperados por causa de su muerte. Descendían por un camino, discutiendo la tragedia de su crucifixión y la completa humildad de su muerte. Crecieron leyendo las escrituras acerca del Mesías Varón de Dolores conocido como Mesías *ben* José, pero su teología estaba fija en el segundo concepto del Mesías, Mesías ben David, el Rey Conquistador. Sus mentes y emociones estaban entristecidas, confundidas y probablemente se sintieron traicionados por Jesús quien no fue el Conquistador que ellos esperaban que fuera. Habían puesto toda su esperanza en un hombre derrotado, muerto en la cruz y la fe en ellos había sido abatida. Jesús se acerca a ellos y pregunta una de esas preguntas tiernas que ya Él conoce su respuesta.

*"Uno de ellos, llamado Cleofas, le dijo: «¿Eres Tú el único visitante en Jerusalén que no sabe las cosas que en ella han acontecido en estos días?». «¿Qué cosas?», les preguntó Jesús. Y ellos le dijeron: «Las referentes a Jesús el Nazareno, que fue un profeta poderoso en obra y en palabra delante de Dios y de todo el pueblo; y cómo los principales sacerdotes y nuestros gobernantes lo entregaron a sentencia de muerte y lo crucificaron. Pero nosotros esperábamos que Él era el que iba a redimir a Israel. Además de todo esto, este es el tercer día desde que estas cosas acontecieron. Y también algunas mujeres de entre nosotros nos asombraron; pues cuando fueron de madrugada al sepulcro, y al no hallar Su cuerpo, vinieron diciendo que también habían visto una aparición de ángeles que decían que Él vivía. Algunos de los que estaban con nosotros fueron al sepulcro, y lo hallaron tal como también las mujeres habían dicho; pero a Él no lo vieron». Entonces Jesús les dijo: «¡Oh insensatos y tardos de corazón para creer todo lo que los profetas han dicho! ¿No era necesario que el Cristo padeciera todas estas cosas y entrara en Su gloria?».* (En otras palabras, "¿Olvidaste todas las claves que traté de darles

acerca de venir primeramente como Varón de Dolores?") *Lc. 24:18-26*

# 6 de Sívan: 1,500 aC

## Fiesta de las Semanas, Shavuot

La última festividad de primavera fue la Fiesta de las Semanas o *Shavuot*, que en hebreo significa "semanas." También se conocía en griego como Pentecostés (significa 50). Una vez cruzan el Mar Rojo fueron 7 semanas igualando 49 días más el día de Primicias con un total de 50 días antes de llegar al monte en Éx. 19. Una vez más, observemos el patrón que Moisés instruyó a los hijos de Israel en Éxodo y luego vean cómo Jesús cumplió perfectamente este mismo patrón 1,500 años después:

> *"Contarán desde el día que sigue al día de reposo, desde el día en que trajeron la gavilla de la ofrenda mecida; contarán siete semanas completas. Contarán 50 días hasta el día siguiente al séptimo día de reposo; entonces presentarán una ofrenda de espiga tierna al Señor." (Lv. 23:15-16)*

Observamos que de la escritura en Éx. 23:15-16

incluyendo el día de las Primicias de la Cosecha de Cebada, 17 de *Aviv*, debían contar 7 *Shabats*. Las Primicias es un día, más siete semanas o cuarenta y nueve días = 50 días. Recuerde, Moisés estaba llevándolos en un viaje que comenzó en Egipto y culminó en el Monte Sinaí (Éx. 12-19). La llegada a este monte en Éx. 19 fue la primera Fiesta de las Semanas o *Shavuot*, y se recuerda como el día en que Dios comenzó una unión pactada con los hijos de Israel.

Si usted cuanta los días de acuerdo a lo escrito en Levítico 23:15-16, la Fiesta de Semanas o *Shavuot*, cae en el tercer mes hebreo, *Sivan*. Moisés lideró a los hijos de Israel en un viaje de 50 días para llevarlos al Monte Sinaí para introducirlos a un pacto nupcial con Dios. El Señor les había alimentado con alimento sobrenatural y les dio agua de la roca. Él fue su columna de nube de día para protegerles del sol y fuego en la noche para darles calor. Él era *El-Shaddai*, su proveedor, mostrándole su bien y bondad a su pueblo. Estaba cambiando su identidad a través de esta jornada de esclavos a hijos, luego sacerdotes; sin embargo, el propósito de Dios era volverlos su Esposa al liberarlos de Egipto. Éxodo 19 habla de Moisés llevando al pueblo al Monte para escuchar la voz de Dios. La trompeta sonó invocando a la Esposa y luego Moisés subió para recibir las palabras de Dios. Dios manifiesta su maravillosa y terrible presencia en su primera Fiesta de Semanas en los siguientes versículos:

*"Al tercer mes de la salida de los israelitas de la tierra de Egipto, ese mismo día, llegaron al desierto de Sinaí. Salieron de Refidim, llegaron al desierto de Sinaí y acamparon en el desierto. Allí, delante del monte, acampó Israel. Moisés subió hacia Dios, y el Señor lo llamó desde el monte y le dijo: «Así dirás a la casa de Jacob y anunciarás a los israelitas: "Ustedes han visto lo que he hecho a los egipcios, y cómo los he tomado sobre alas de águilas y los he traído a Mí. Ahora pues, si en verdad escuchan Mi voz y guardan Mi pacto, serán Mi especial tesoro entre todos los pueblos, porque Mía es toda la tierra. Ustedes serán para Mí un reino de sacerdotes y una nación santa". Estas son las palabras que dirás a los israelitas». Entonces Moisés fue y llamó a los ancianos del pueblo, y expuso delante de ellos todas estas palabras que el Señor le había mandado. Y todo el pueblo respondió a una, y dijeron: «Haremos todo lo que el Señor ha dicho». Y Moisés llevó al Señor las palabras del pueblo. Y el Señor dijo a Moisés: «Yo vendré a ti en una densa nube, para que el pueblo oiga cuando Yo hable contigo y también te crean para siempre». Entonces Moisés comunicó al pueblo las palabras del Señor…Y aconteció que al tercer día, cuando llegó la mañana, hubo truenos y relámpagos y una densa nube sobre el monte y un sonido tan fuerte de trompeta, que hizo*

*temblar a todo el pueblo que estaba en el campamento. Entonces Moisés sacó al pueblo del campamento para ir al encuentro de Dios, y ellos se quedaron al pie del monte. Todo el monte Sinaí humeaba, porque el Señor había descendido sobre él en fuego. El humo subía como el humo de un horno, y todo el monte se estremecía con violencia. El sonido de la trompeta aumentaba más y más. Moisés hablaba, y Dios le respondía con el trueno. El Señor descendió a la cumbre del monte Sinaí. Entonces el Señor llamó a Moisés a la cumbre del monte, y Moisés subió.*

*Éx. 19:1-9,16-20*

Fue en este momento que los hijos de Israel se pusieron en acuerdo para recibir a Dios, como su único Dios, y mantener el pacto que se le entregó a Moisés. Veremos que 1,500 años después esta misma festividad fue cumplida por Jesús en Hechos 2. Él dio un presente que fue más que palabras en tablas de piedra para su Esposa, sino que fue sellado en sus corazones con el derramamiento de su Espíritu Santo en su interior.

## 6 de Sívan: 1,500 años después

Jesús dice a sus discípulos que hay un compromiso más que Él cumplirá con ellos, un *moed* más de primavera para cumplir. Él les dice que vayan a Jerusalén y que esperen que cumpla su palabra.

*"Después Jesús les dijo: «Esto es lo que Yo les decía cuando todavía estaba con ustedes: que era necesario que se cumpliera todo lo que sobre Mí está escrito en la ley de Moisés, en los profetas y en los Salmos». Entonces les abrió la mente para que comprendieran las Escrituras, y les dijo: «Así está escrito, que el Cristo padecerá y resucitará de entre los muertos al tercer día; y que en Su nombre se predicará el arrepentimiento para el perdón de los pecados a todas las naciones, comenzando desde Jerusalén. Ustedes son testigos de estas cosas. Por tanto, Yo enviaré sobre ustedes la promesa de Mi Padre; pero ustedes, permanezcan en la ciudad hasta que sean investidos con poder de lo alto».*

### Lc. 24:44-49

¿Y cual es el día que esperan su cumplimiento? La respuesta está en el primer versículo de **Hechos 2:1-3**,

**"Cuando llegó el día de Pentecostés,** *estaban todos juntos en un mismo lugar, y de repente vino del cielo un ruido como el de una ráfaga de viento impetuoso que llenó toda la casa donde*

*estaban sentados. Se les aparecieron lenguas como de fuego que, repartiéndose, se posaron sobre cada uno de ellos."*

¿Qué significa cuando se dijo que el día de Pentecostés había llegado? ¡Significa que Él ha cumplido el compromiso que ha estado en su agenda desde el principio del tiempo y que fue escrito en Levítico 23!

Ahora, por favor lea el fragmento del **Apéndice H** del *Talmud* del recuento del primer *Shavuot* en el Monte Sinaí que fue grabado en la historia judía. ¡Es fenomenal porque lo escribieron los historiadores que no creen en Jesús ni en el Nuevo Testamento! ¡Créame, no quieren que estén de acuerdo con los recuentos en Hechos 2!

## Conclusión

¡Años atrás, estaba perpleja cuando descubrí por primera vez cuán perfectamente Jesús cumplió el patrón de las festividades de primavera! El hecho de que 1,500 años antes del tiempo de Jesús, Dios puso en acción su plan de redención. Primero, hizo que Moisés lo cumpliera, llevando a los hijos de Israel fuera de Egipto para llevarlos a un Monte para ser su compañera pactada. Luego se aseguró que Moisés lo escribiera en

Levítico 23 para que estos tiempos establecidos en su calendario, que hablaban de los momentos de sus citas en las que vendría a la tierra, se mantendrían vivos de generación en generación. ¡Si lo que usted leyó en este capítulo no le ha tocado aún, pida por el espíritu de revelación hasta que sea tocado! Dios tiene una agenda. Es Levítico 23. Él ha aparecido en sus primeras cuatro citas. Seguramente Él será igual de fiel para cumplir las próximas tres; a menos que haya perdido su agenda, lo cual es imposible.

¡Primero Moisés, luego Jesús...solo Dios pudo desenvolver y escribir tal brillante historia! Aun cuando solo podemos ver un destello o premonición de lo que viene, es emocionante vivir en un tiempo donde Él quiere revelarse en nuestras raíces bíblicas. Quiero darle a usted una expectativa santa de orar para que mientras comienza esta jornada para encontrar a Jesús en las festividades, Él abrirá sus ojos para que vea la gloria y los misterios que son pepitas de oro esperando que usted se tope con ellas, recogiéndolas y enamorándose de Él una y otra vez.

## *Moisés en la Tienda de Reunión*

Escogí la imagen de la portada de este libro que un amigo dibujó años atrás, porque para mí, aquí es donde la historia comienza y culmina. Dios se le apareció a Moisés en un arbusto en llamas y le dijo Su nombre. Luego le dio la tarea a Moisés de liberar a su pueblo de Egipto y llevarlos a un Monte para entrar en una unión pactada. El pueblo conocía a Dios a la distancia. Vieron su poder, grandeza y temblaron ante su presencia. Conocían "acerca" de Dios, pero nunca se acercaron con anhelo por conocerle íntimamente por si mismos. Moisés no solo de detuvo para maravillarse frente al arbusto en llamas, sino que quiso conocer a Aquel hablando por si mismo. No temía hacerle preguntas acerca de Quién era, y fue suficientemente personal como para discutir con Dios acerca de sus deficiencias para cumplir la tarea a la que Dios le estaba llamando. Dios era su amigo y tenían una relación de corazón a corazón. Él subió al Monte Sinaí, Dios descendió y le reveló su gloria a Moisés. Mas fue grabada en la escritura un hecho maravilloso en una pequeña tienda de reunión donde Moisés se encontraba angustiado por el futuro de su pueblo. *"Y el Señor acostumbraba hablar con Moisés cara a cara, como habla un hombre con su amigo" (Éx. 33:11).* Esto es lo que Dios anhela de su pueblo. Es por esto que estaba dispuesto a venir a la tierra y poner en acción su brillante plan para redimir a su Esposa. Este anhelo de tener una relación íntima, cara a cara...una compañera que traiga luz, sanidad y restauración a toda la tierra y toda nación...ESTA es la gloria puesta ante Él. Cuando Moisés entró a esa pequeña tienda de reunión en el desierto, encontró la perla costosa, una cosa que por si sola puede satisfacer. Moisés encontró el Afikoman.

*"Eres fiel hasta el final,*
*fiel a mi corazón.*
*Eres fiel hasta el final,*
*regresarás y me desposarás"*

*- Melissa Mahoney*

# ~ *Capítulo 5* ~

## *La Pascua*
## *y las*
## *4 Copas de Redención*

*"Por tanto, dile a los israelitas: "Yo soy el Señor, y los sacaré de debajo de las cargas de los egipcios. Los libraré de su esclavitud, y los redimiré con brazo extendido y con grandes juicios. Los tomaré a ustedes por pueblo Mío, y Yo seré su Dios. Sabrán que Yo soy el Señor su Dios, que los sacó de debajo de las cargas de los egipcios." Éx. 6:6-7*

Explicaré brevemente lo que es un *Seder* en caso de que algunos no hayan participado de uno, antes de contarle cómo descubrí el corazón de Dios en las copas de redención encontradas en la liturgia del *Seder* significa "orden,". *Seder* significa "orden," como orden de servicio. Así que, tal y como se desenvuelve la orden de las tardes, todos los participantes son parte de una trama que se practica anualmente para recordar lo que Dios ha hecho por ellos. La manera en la que la

Festividad se ha mantenido anualmente por miles de años es para contar la anécdota del éxodo fuera de Egipto en la mesa familiar del *Seder*. La mesa se prepara hermosamente con un mantel de lino blanco, porcelana fina, velas, flores y todos los elementos necesarios para andar los pasos de la historia de la jornada fuera de las cadenas a la libertad. El hebreo se aprende con los sentidos. Por consiguiente, se experimenta cada paso de liberación, no solo contando la anécdota, sino comiendo alimentos especiales como símbolos de su cautiverio, y bebiendo cuatro copas de vino en el transcurso de la tarde. ¡Se usa el vino porque representa el gozo del Espíritu Santo que aumenta según progresa el *Seder* para poder sentir la libertad al final de la tarde! La "escritura" para la tarde se llama *Haggadah* y cada persona en la mesa sigue los pasos de su propia liberación como si hubieran estado allí.

Años atrás, cuando comencé a buscar de Jesús por primera vez en las festividades, estaba fija en hallar su corazón en la celebración del *Seder* de Pascua. Podía ver los tipos y presagios en el libro de Éxodo y lo que significaba para los cristianos tanto como para los judíos. Pude ver cómo los hijos de Israel eran esclavos cautivos del Faraón en la tierra de Egipto en lo natural, también nosotros como cristianos somos cautivos de un sistema mundial bajo Satanás antes de volvernos nuevas criaturas. De la misma manera, tal y como con los israelitas bajo el liderazgo de Moisés, su libertador, fueron libres mediante la sangre de un cordero aplicada en los dinteles de sus casas; y así obtenemos nuestra libertad por la sangre de Jesús, el Cordero de Dios, aplicada en nuestras vidas. Aún en este nivel simbólico, participando en un *Seder* de Pascua tradicional puede ser muy interesante para que lo experimente toda nueva criatura; pero supe en mi corazón que deseaba más, y le pedí al Espíritu Santo que me mostrara dónde yacía su corazón y cómo podríamos encontrar a Jesús en la Pascua. Él fue el *Afikoman* de la Pascua, "la satisfacción," y no me sentía satisfecha con solo señales y presagios. Año tras año, practicamos la ceremonia de Pascua, y mientras lo hacíamos, oraba por entendimiento y por un encuentro.

Unos años más tarde, mientras buscaba por revelación, me encontré una carta de bienvenida que llamó mi atención en una tienda judía de regalos cerca de la casa de mi suegra. En la portada de esta carta de bienvenida para Día de Pascua había 4 copas de vino. Sentí el Señor decir, "Es aquí donde encontrarás mi corazón...búscame en las 4 copas de redención." Rápidamente, compré la carta y me marché, emocionada de que finalmente me había hablado. ¡Me sentí como una niña encontrando la 1ra clave en una búsqueda del tesoro!

Había leído libros judíos acerca de las festividades y supe que las personas judías se les mandaba a beber 4 copas de vino en el *Seder* de Pascua. ¡Porque se referían a él como la "festividad de la libertad," se les ordena usar vino para que al final del día puedan literalmente sentirse libres! Así como comentó un *Rabí* cuando se le preguntó, "¿Por qué debía ser vino y no jugo de uva?" Él respondió lo obvio, "¡Porque es imposible beber jugo de uva y guardar el mandamiento de sentirse libre al final de la tarde!"

Aprender hebreo es experimentarlo. Les dan de comer miel a los niños jóvenes cuando comienzan a estudiar la *Torah* (los primeros 5 libros de la Biblia) para recordarles que la Palabra es dulce. Cuando usted comienza a experimentar con sus sentidos tanto como su mente, su corazón recuerda.

*1 Juan 1:1*, dice, *"Lo que existía desde el principio, lo que hemos oído, lo que hemos visto con nuestros propios ojos, lo que hemos contemplado y lo que han tocado nuestras manos, esto escribimos acerca del Verbo de vida."*

Él debe ser experimentado, y de alguna manera supe en mi corazón que encontré el punto de encuentro con Jesús en la Pascua. En el *Seder* he sido parte de todo lo poco que se ha dicho acerca de la riqueza de estas 4 copas. Son mencionadas de acuerdo a las 4 proclamaciones encontradas en *Éx. 6:6-7, "Por tanto, dile a los israelitas: "Yo soy el Señor, y <u>los sacaré</u> de debajo de las cargas de los egipcios. <u>Los libraré</u> de su esclavitud, y <u>los redimiré</u> con brazo extendido y con grandes juicios. <u>Los tomaré</u> a ustedes por pueblo Mío,* *y Yo seré su Dios. Sabrán que Yo soy el Señor su Dios, que los sacó de debajo de las cargas de los egipcios."*

# Las Copas de Redención

## • 1ra Copa, "Los sacaré" •

*"Por tanto, dile a los israelitas: "Yo soy el Señor, y <u>los sacaré</u> de debajo de las cargas de los egipcios. Los libraré de su esclavitud, y los redimiré con brazo extendido y con grandes juicios."*

*Ex. 6:6*

Cuando medito en este versículo, pidiéndole que lo revele ante mí, encontré un comentario interesante en un *Haggadah* judío. Recuerde, el *Haggadah* es el libro, o "escritura" que los judíos usan para estudiar la liturgia de la ceremonia del *Seder* de Pascua. Anteriormente, dije que las festividades son su *"Moedim,"* citas en su libro de agendas, y deben ser "practicadas" cada año. Por esta razón, en cada Pascua se conmemora el éxodo de Egipto que los judíos deben guardar por siempre.

> *"Y este día será memorable para ustedes y lo celebrarán como fiesta al Señor. Lo celebrarán por todas sus generaciones como ordenanza perpetua."*

> *Ex. 12:14*

Dios menciona una y otra vez en la Biblia, *"Recuerden, soy el Dios de Abraham, Isaac y Jacob. Quien los libró de la esclavitud de Egipto con brazo fuerte,"* y observando año tras año, generación tras generación, nunca se olvidaron. Por tanto, la Pascua es una tarde de participación. Nadie tiene sus brazos cruzados mirando. Durante la tarde se beben cuatro copas de vino y se comen alimentos simbólicos como hierbas amargas y rábanos para simbolizar la amargura de la esclavitud. De la misma manera, se come *matzahs*, pan sin levadura, el pan de la aflicción, para recordarle cuando Dios descendió para libertar a su pueblo, no pudieron demorarse ni estar indecisos...debían marcharse de prisa sin tiempo para que su pan se cociera. Todo esto se encuentra en el *Haggadah* para participar de ello en el orden apropiado mientras practicamos los pasos de nuestra liberación.

Con esta breve explicación de un *Haggadah,* quiero compartirles un comentario interesante del *Rabí* Abraham Twerski acerca de la 1ra copa en su *Haggadah,* llamado, ***From bondage to freedom*** (De la servidumbre a la libertad). *Rabí* Twerski, dice,

"**Al enviar a Moisés para libertar a los israelitas de Egipto, Dios dijo, 'Los sacaré del yugo (*silvus*) de Egipto' (Éx. 6:6). El *Rabí* Isaac Meir enfatiza que la palabra *sivlus* también significa "tolerancia," y luego dice, 'Los sacaré de la tolerancia de Egipto.' Durante los muchos años de esclavitud, los israelitas se habían acostumbrado a su** estatus y consideraron su situación como un estado normal. No solo se habían resignado a ser esclavos, sino que comenzaron a creer que este era su rol natural, parecido al refrán del gusano que entra en el rábano y sin duda considera el más amargo de los vegetales como el mejor lugar del mundo...no hubiéramos salido de Egipto sin intervención divina, porque no teníamos aspiración por la libertad...La historia del Éxodo debería servir como una provocación para todo individuo. Debería alertarnos para pensar, '¿Será posible que me encuentre en un rollo, pero que no puedo reconocerlo al igual que mis ancestros?' Debería estimularnos a que nos examinemos rigurosamente, con determinación para que, si de verdad hay un estilo de vida más digno, estemos dispuestos a soportar la corta incomodidad y hacer los cambios necesarios en la vida de uno para lograr la verdadera libertad que significa para un ser humano." (Pág. 67-68)

De repente, sentí al Señor revelarme cómo experimentar esa 1ra copa de redención. Dios tuvo un problema. Fue su agenda en su calendario para "descender" y libertarlos, pero después de 430 años de esclavitud, asimilaron tanto su servidumbre que perdieron el anhelo por la libertad. Él descendió cuando los oyó clamar, pero primero debían clamar. Este es el primer paso que Dios inicia sobrenaturalmente para redimir a su pueblo. Él causa que desprecien su servidumbre... ¡Causa que pierdan su tolerancia a ser esclavos y crea un clamor cooperativo para que Él les dé libertad! Vea este evento milagroso en *Éx. 3:7-10,*

*"Y el Señor dijo: «Ciertamente he visto la aflicción de Mi pueblo que está en Egipto, y he escuchado su clamor a causa de sus capataces, pues estoy consciente de sus sufrimientos. <u>Así que he descendido</u> (yarad) para librarlos de mano de los egipcios, y para sacarlos de aquella tierra a una tierra buena y espaciosa, a una tierra que mana leche y miel, al lugar de los cananeos, de los hititas, de los amorreos, de los ferezeos, de los heveos y de los jebuseos. Y ahora, el clamor de los israelitas ha llegado hasta Mí, y además he visto la opresión con que los egipcios los oprimen. Ahora pues, ven y te enviaré a Faraón, para que saques a Mi pueblo, a los israelitas, de Egipto».*

**NOTA:** Considere hacer un estudio de la palabra hebrea *"yarad,"* que quiere decir "cuando Dios desciende." Verá que solo puede verse en ocasiones dramáticas como Génesis 11 cuando Dios desciende para obrar con la construcción de la Torre de Babel. Quiero llevar su atención a esa palabra porque se encuentra en otros lugares significantes.

Después de encontrar este comentario en la 1ra copa, que significa la liberación de Israel de la tolerancia de su esclavitud, Dios comenzó a abrir mis ojos al significado detrás de este importante 1er paso de liberación para que nosotros, como nuevas criaturas, podamos tener un encuentro con Él. Por años, deleitando el *Seder* de Pascua, la mayoría de los presentes en la mesa son nuevas criaturas. Usualmente, es por esto que no pedimos libertad de nuestro mundo (Egipto), y liberación del control de Satanás (Faraón). Pero sí hacemos una pausa antes de participar de esta copa juntos para recordar los detalles milagrosos de cómo estábamos perdidos y Él se reveló a sí mismo a nosotros y sobrenaturalmente nos salvó. A menudo, sería bueno recordar esto, pero la Pascua provee un tiempo para detenerse, contemplar, y dar gracias por lo que Dios hizo con tanta misericordia por nosotros. Sin embargo, la salvación no solo se refiere a lo que Dios ha hecho en el pasado sino lo que hace en el presente a través de nuestro lapso de vida.

Todos necesitamos salvación continuamente. Toleramos cosas en nuestra vida que son tan familiares para nosotros que, así como los hijos de Israel, no aspiramos por la libertad porque no vemos nuestros grilletes, o si los vemos, decimos "No es tan malo. Puedo vivir con ello." Dios no desea que toleremos nada que nos impida amarle a Él y al prójimo plenamente, o que nos mantenga atados al enemigo en cualquier manera. Él regresará por una esposa pura, sin mancha y nos quiere libres. La 1ra copa de redención es una oportunidad anual para sentarse con el Señor pidiéndole que nos haga despreciar toda atadura en nuestras vidas y que exponga todo lo que estemos tolerando que nos mantiene oprimidos y en grilletes. Él lo hará y producirá un clamor por libertad en nosotros al cual Él responderá.

En 1 Samuel 1 hay un buen ejemplo de esto. Vemos la historia de Ana quien está angustiada porque su esposo tiene otra esposa que podía tener hijos, pero Ana era estéril. Se dice que año tras año, la segunda esposa provocó a Ana hasta desesperarla causando que perdiera su apetito. Pero un año, el triste clamor de Ana subió hasta el Señor y fue libre de su esterilidad y Samuel fue concebido en el momento planeado para el nacimiento. ¿Qué cambió después de tantos años de esterilidad y tormento? Dios produjo en ella un clamor que conmovió el cielo.

Cada año, en el *Seder* de Pascua, la 1ra copa de redención es una oportunidad para que le pidamos a Dios que revele hábitos, actitudes, ataduras, enfermedades, o cosas que estemos tolerando que roba vida de nosotros. Es una oración poderosa y cada año podemos tener una expectativa de que Dios responderá cuando escuche nuestro clamor. Si usted conoce de alguien atado al pecado o a la adicción, esta es una oración poderosa para que Dios quite su tolerancia y que de repente la persona desprecie ese mal, que lo vea como enemigo, y que clame por libertad también.

Esta 1ra copa es poderosa. Comienza con la iniciativa de Dios para sobrenaturalmente atraer a los llamados a ser suyos, creando un clamor por libertad, y un anhelo para que Él se muestre a sí mismo en nuestras circunstancias y descienda por nosotros personalmente. Los hijos de Israel escucharon anécdotas de un Dios que se le presentó a sus ancestros, pero ahora ellos deben conocerlo por sí mismos. Hay algo acerca de la oración familiar que trae resultados cuando es sincera, "Dios, si eres real, muéstrame y responde." De una manera u otra, es como cuando todos fuimos salvos por 1ra vez. Oramos por esa 1ra copa de liberación que se encuentra en *Éx. 6:6, "Por tanto, dile a los israelitas: "Yo soy el Señor, y los sacaré de debajo de las cargas de los egipcios. Los libraré de su esclavitud, y los redimiré con brazo extendido y con grandes juicios."* Oramos, esperamos en el Señor y ofrecemos nuestras oraciones en silencio ante y Dios misericordioso y fiel para que haga su parte y responda nuestro clamor por libertad.

## • 2da Copa, "Los libraré." •

### *"Los libraré de su esclavitud..."*
### *(Éx. 6:6)*

Después de ser esclavos por 400 años, los hijos de Israel no tenían aspiración por la libertad. En la primera copa de redención vimos cómo Dios tuvo que sobrenaturalmente causar que ellos despreciaran sus grilletes y quitaran su tolerancia, para que clamaran a Él. Él fue fiel para responder.

> *"Y el Señor dijo: «Ciertamente he visto la aflicción de Mi pueblo que está en Egipto, y he escuchado su clamor a causa de sus capataces, pues estoy consciente de sus sufrimientos. Así que he descendido para librarlos de mano de los egipcios, y para sacarlos de aquella tierra a una tierra buena y espaciosa, a una tierra que mana leche y miel, al lugar de los cananeos, de los hititas, de los amorreos, de los ferezeos, de los heveos y de los jebuseos." (Éx. 3:7-8)*

Durante el *Seder* de Pascua, esta copa de redención es increíblemente significante para nosotros como creyentes en Jesús, y pienso que hay un momento santo para esperar en Él como individuos antes de participar juntos. Dios había esperado 430 años mientras la familia de Jacob se convirtió en una gran multitud en Egipto, pero su estadía en esta tierra no fue permanente. Él le prometió a Abraham, *"Ten por cierto que tus descendientes serán extranjeros en una tierra que no es suya, donde serán esclavizados y oprimidos durante 400 años." (Gn. 15:13)*

También, más adelante, en el mismo capítulo, Dios le prometió a Abraham que sus descendientes heredarían una tierra que sería suya.

El tiempo ha llegado para que Dios cumpla su compromiso. Esperó y observó a su pueblo a quien ama, ser oprimido, abusado y puesto en cautiverio por un gobernante tirano por cientos de años. Ahora, ha escuchado su clamor para que Él responda y está listo para descender. Siento la amargura del momento; un momento de temor de Dios que te quita el aliento. Recuerdo una cartelera que vi de la película, *"Braveheart,"* con Mel Gibson. Su esposa apenas había sido asesinada y el furor de un esposo en luto estaba en su rostro. Preparó a su ejército con armas desenvainadas, esperando la señal para comenzar la batalla. Mel Gibson está sentado en su caballo, su rostro manchado de azul para la guerra y fuego en sus ojos. Lo único que podemos pensar es, "Pobre de su enemigo." Los subtítulos dicen, "Es hora."

Ahora, es tiempo de que Dios liberte a su pueblo, para que traiga devastación y juicio a la nación que los mantuvo cautivos. Dios le entrega a Moisés direcciones específicas. El va a descender para sacarlos de Egipto, pero no es el tiempo para desobedecer ni estar fuera de la ley. Él hará su parte, pero ellos deben tener fe en Él y obedecer. Todo el que quiera ser libre debe participar. Las instrucciones se presentan en,

*"Hablen a toda la congregación de Israel y digan: El día diez de este mes cada uno tomará para sí un cordero, según sus casas paternas; un cordero para cada casa. Pero si la casa es muy pequeña para un cordero, entonces él y el vecino más cercano a su casa tomarán uno según el número de personas. Conforme a lo que cada persona coma, dividirán ustedes el cordero. El cordero será un macho sin defecto, de un año. Lo apartarán de entre las ovejas o de entre las cabras. Y lo guardarán hasta el día catorce del mismo mes. Entonces toda la asamblea de la congregación de Israel lo matará al anochecer. Ellos tomarán parte de la sangre y la pondrán en los dos postes y en el dintel de las casas donde lo coman. Comerán la carne esa misma noche, asada al fuego, y la comerán con pan sin levadura y con hierbas amargas. Ustedes no comerán nada de él crudo ni hervido en agua, sino asado al fuego, tanto su cabeza como sus patas y sus entrañas. No dejarán nada de él para la mañana, sino que lo que quede de él para la mañana lo quemarán en el fuego. De esta manera lo comerán: ceñidas sus cinturas, las sandalias en sus pies y el cayado en su mano, lo comerán apresuradamente. Es la Pascua*

*del Señor. Porque esa noche pasaré por la tierra de Egipto, y heriré a todo primogénito en la tierra de Egipto, tanto de hombre como de animal. Ejecutaré juicios contra todos los dioses de Egipto. Yo, el Señor. La sangre les será a ustedes por señal en las casas donde estén. Cuando Yo vea la sangre pasaré de largo, y ninguna plaga vendrá sobre ustedes para destruirlos cuando Yo hiera la tierra de Egipto."*

*Éx 12:3-13*

Solo había un camino para salir de Egipto. Manchando los dinteles con la sangre del cordero sacrificado. Hay solo un camino para salir del mundo donde somos cautivos legalmente en el dominio de las tinieblas de Satanás. Es mediante la sangre de Jesús aplicada sobre nuestras vidas.

> **"Ustedes saben que no fueron redimidos de su vana manera de vivir heredada de sus padres con cosas perecederas como oro o plata, sino con sangre preciosa, como de un cordero sin tacha y sin mancha: la sangre de Cristo." (1 P. 1:18-19)**

*Éxodo 12:23* dice, *"Pues el Señor pasará para herir a los egipcios. Cuando vea la sangre en el dintel y en los dos postes de la puerta, el Señor pasará de largo aquella puerta, y no permitirá que el ángel destructor entre en sus casas para herirlos."*

En Éxodo 12:12, Él dice que pasará a través de la tierra de Egipto. La palabra "pasar a través" es la palabra hebrea *abar* o *gabar*. Cuando Dios pasa a través, es para traer juicio sobre sus enemigos. Sin embargo, Él pasará cuando vea sangre en los dinteles. La palabra hebrea para pascua es *pesach*. Recuerdo haber escuchado en una enseñanza, que la palabra *pesach* lleva la misma imagen de ser cubierto o escondido bajo sus alas protectoras en un lugar íntimo con Él, como el Salmo 91. Desearía poder encontrar el comentario para ponerlo en mis referencias, pero escribí en mis notas que el maestro lo interpreta como un ave madre extendiendo sus alas sobre sus crías para esconder y protegerlas de los depredadores. Leamos los versículos en Salmo 91 con esto en mente.

*"El que habita al amparo del Altísimo morará a la sombra del Omnipotente. Diré yo al Señor: «Refugio mío y fortaleza mía, mi Dios, en quien confío». Porque Él te libra del lazo del cazador y de la pestilencia mortal. Con Sus plumas te cubre, y bajo Sus alas hallas refugio; escudo y baluarte es Su fidelidad. No temerás el terror de la noche, ni la flecha que vuela de día, ni la pestilencia que anda en tinieblas, ni la destrucción que hace estragos en medio del día."*
*(Sal. 91:1-6)*

Normalmente, Dios usa una imagen tierna y muy similar en Éxodo 9, contando la manera en la que los sacó:

*"Moisés subió hacia Dios, y el Señor lo llamó desde el monte y le dijo: «Así dirás a la casa de Jacob y anunciarás a los israelitas: "Ustedes han visto lo que he hecho a los egipcios, y cómo los he tomado sobre alas de águilas y los he traído a Mí."*

*Éx. 19:3-4*

También, en la historia de Rut y Booz, vemos que usan la misma imagen de alas protectoras:

*A medianoche Booz se sorprendió, y al voltearse notó que una mujer estaba acostada a sus pies. Booz le preguntó: «¿Quién eres?». Y ella respondió: «Soy Rut, su sierva. Extienda, pues, su manto sobre su sierva, por cuanto es pariente cercano».*

*Rut 3:8-9*

A menudo, cuando recordamos la anécdota de Éxodo pienso que la reducimos a la versión "apta para familia" en vez de la categoría "R" que realmente merece. La maldad estaba siendo confrontada y los reinos espirituales de las tinieblas que fueron fortalezas demoníacas estaban siendo sacudidas y derrotadas. Todo dios en Egipto fue humillado y destruido cuando las 10 plagas fueron desatadas, incluyendo el mismo

Faraón. Hubo sangre y pestilencia, enfermedades y muerte; el grado de sufrimiento humano fue inimaginable. Egipto estaba siendo perturbado y destruido en toda manera. Dios anhelaba a su pueblo como su "tesoro especial" (Éx. 19).

Cuando Faraón tercamente se rehusó a dejarlos ir, el juicio del celo de Dios fue desatado en contra de la nación. *Deuteronomio 26:8* dice, *"Y el Señor nos sacó de Egipto con mano fuerte y brazo extendido, con gran terror, con señales y milagros"*

Mientras Dios se revela a sí mismo ante sus enemigos como Fuerte Guerrero con un "poderoso brazo extendido" de juicio, y al mismo tiempo se muestra ante su pueblo a quien lleva a un monte para volverlo su Esposa prometida, lo recuerda como, *"No como el pacto que hice con sus padres el día que los tomé de la mano para sacarlos de la tierra de Egipto; porque no permanecieron en mi pacto, y Yo me desentendí de ellos, dice el Señor." (Heb. 8:9)*

Escuchamos una vez más la tierna perspectiva de un Esposo libertando a su Esposa en *Jer. 2:2, «Ve y clama a los oídos de Jerusalén, diciendo: "Así dice el Señor: 'De ti recuerdo el cariño de tu juventud, tu amor de esposa, de cuando me seguías en el desierto, por tierra no sembrada."*

La 2da copa de redención es poderosa en muchos niveles. ¡Los hijos de Israel se marchan en medio de la noche, despojaron a Egipto de su oro y plata; y se marchan sanos!

*"Pero a Su pueblo lo sacó con plata y oro, y entre Sus tribus no hubo quien tropezara. Egipto se alegró cuando se fueron, porque su terror había caído sobre ellos."*

*Sal. 105:37-38*

Tenemos mucho que pensar mientras hacemos una pausa antes de tomar la segunda copa de redención. Cada año, en este tiempo, tenemos la oportunidad de estar con nuestros amigos y familia, recordando el poderoso testimonio de Jesús en nuestras vidas. Tomo asiento y recuerdo cuán perdida y sin esperanza yo estaba antes de que Él me salvará. Recuerdo cuán milagroso fue que de alguna manera Él haya puesto un anhelo y hambre dentro de mi por conocerlo, todos los detalles y circunstancias que tuvo que poner en la vida de John y en la mía para poder encontrarlo. Me libertó de una profunda oscuridad y temor, y me llevó a la seguridad de su amor maravilloso. Pero el enfoque principal de esta copa es recordar el precio de mi libertad;

*"Ustedes saben que no fueron redimidos de su vana manera de vivir heredada de sus padres con cosas perecederas como oro o plata, sino con sangre preciosa, como de un cordero sin tacha y sin mancha: la sangre de*

Bob Sorge, uno de mis autores favoritos escribió esto en su libro *"Power of the Blood"*, (El Poder de la Sangre).

"**Regreso a la cruz cuando no puedo imaginarme el sentido de mi jornada. Regreso a la cruz cuando no puedo procesar mis niveles de angustia. Regreso a la cruz cuando no puedo ver mi camino. Regreso a la cruz cuando siento que me encubre algo. Porque a veces el Acusador me golpea con esa vieja acusación, 'Dios está encubriéndote algo. Él podría liberarte ahora, pero se demora a propósito.' No obstante, la cruz clavó esa acusación. Porque cuando miro la cruz, veo a un Dios con clavos en sus manos, un clavo en sus pies, una corona de espinas en su frente, y heridas en su espalda. Clavado ahí con sus brazos abiertos, me dice, 'Te doy mi corazón, te doy mi cuerpo, te doy mi todo, te doy mi último aliento, te doy mi última gota de sangre.'**"

¡Le digo a usted que mi Dios no me encubre nada! Él me ha dado lo mejor de sí. Me entregó su todo. Su extravagancia me fortaleció, por tan solo no negarle nada. Me entregó su todo, y ahora le entrego mi todo.

Soy suyo y Él es mío.

Dios no tendrá que hacer nada por mí jamás para probar que me ama. Si nunca vuelve a hacer algo por mí - si no vuelve a bendecirme, si no vuelve a responder a mis oraciones, si no vuelve a libertarme – la cruz es suficiente para probar la autenticidad de su eterno afecto. ¡Es por la cruz que sé que me ama!

Ya que su cruz me hace sentir seguro en su amor, no guardaré silencio; nunca me detendré; nunca le dejaré ir; sino que siempre levantaré mi clamor ante Dios y llamaré su Nombre; hasta que cumpla su promesa y me liberte." (Pág. 14-15)

Por tanto, celebré y bebí por este *"Los libraré"* en Éxodo 6:6, con asombro, maravilla y un corazón rebosando con agradecimiento y amor por todo lo que esa 2da copa representa para mí, y me regocijo de que Él proclama su amor por mí, diciendo, "Yo te rescataré de tu servidumbre." *L'Chaim!* ¡Por la vida!

## • Introducción a la 3ra Copa•

Siento mariposas en mi estómago y una emoción intensa antes de que nuestros invitados entren por la puerta después de 39 años de practicar el *Seder* de

Pascua en nuestro hogar. Por días, hago mis preparativos, "preparando el escenario" con una expectativa santa de que Dios vendrá y que corazones tengan encuentros. La razón principal por la que me gusta celebrar las festividades con otros es una razón egoísta. Me gusta la preparación. Me gusta poner mi mantel blanco, mi porcelana fina y copas de cristal rosa para el vino, ver los platos individuales preparados para el *Seder* en medio de cada plato con los alimentos simbólicos listos para tomar de ellos. Las flores se ponen en floreros y las velas de plata están listas para ser encendidas, para dar comienzo a "nuestra jornada fuera de Egipto." Justo antes de la llegada de nuestros invitados, me detengo y observo la hermosura que ven mis ojos, y siento el maravilloso privilegio que es preparar un lugar para que Él venga. Me gusta porque a Él le gusta, y en ese momento, siento la recompensa de sentir su presencia y su deleite.

También, sé sin lugar a duda, que Dios fielmente vendrá y liderará a su pueblo hacia donde Él ha invertido su todo, a través de los pasos de la salvación. Recordaremos el día cuando sentimos su toque tierno en nuestros corazones, y respondió a nuestro clamor liberándonos sobrenaturalmente de las tinieblas para llevarnos a su Reino de Luz. Recordaremos cuán perdidos estábamos sin Él, y el precio extravagante que Él pagó para redimir nuestras almas. Recordaremos que fuimos esclavos de un tirano (Satanás), y la amargura de nuestra servidumbre antes de ser libres.

Sentados en nuestra mesa, cenando con hermanos y hermanas, compartiendo esta jornada juntos, sintiendo la progresión de nuestra liberación juntos cada vez que se bebe una copa, y aún así cada uno de nosotros tiene una historia única, nuestra propia anécdota profética que revivimos personalmente delante del Señor. Es poderoso ver corazones agradecidos, y rostros en lágrimas mientras nos sentamos delante del Rey del universo, y con cada copa, recordamos. Dios les recuerda, en toda la biblia después de Éxodo, quién es Él y dice una y otra vez, *"Yo soy el Dios de Abraham, de Isaac y Jacob, quien te sacó de la tierra de Egipto con mi brazo poderoso extendido."* Él <u>NO</u> quiere que nos olvidemos, así que nos recuerda y recordamos los pasos de nuestra redención cada año en la festividad de la Pascua.

Disfruto toda la tarde, pero el momento más favorito es cuando ya cenamos, los platos se han removido, y estamos listos para participar de la 3ra copa. Siento que mi corazón comienza a palpitar cuando me dan el privilegio de contar esta parte de la historia, y revelar el motivo de su maravilloso corazón detrás de todo lo que Él ha hecho por nosotros.

### • 3ra Copa, "Los redimiré." •

*"...los redimiré con brazo extendido
y con grandes juicios."*
*Éx. 6:6*

En hebreo, redimir significa "comprar de vuelta."
Vemos esto mencionado en varias escrituras, pero
algunos ejemplos son:

*"...el pueblo que Tú has comprado."*

*Éx.15:16*

*Éx. 1"¿...No es Él tu Padre que te compró? Él te
hizo y te estableció."*

*Dt. 32:6*

Y en el Nuevo Testamento,

*"Porque han sido comprados por un precio. Por
tanto, glorifiquen a Dios en su cuerpo y en su
espíritu, los cuales son de Dios."*

*1 Co. 6:20*

*"Ustedes saben que no fueron redimidos de su
vana manera de vivir heredada de sus
padres con cosas perecederas como oro o plata,
sino con sangre preciosa, como de un cordero sin
tacha y sin mancha: la sangre de Cristo."*

*1 P. 1:18-19*

En el capítulo 2, mencioné el concepto de un redentor, llamado *goel* en hebreo. Un *goel* se conocía como un "redentor de parientes," y cada familia/tribu tenía uno. Él iba al campamento enemigo, o a una persona que había sufrido un crimen en manos de otro (o infortunio, como la anécdota de Noemí en el libro de Rut), y pagaba el precio de redención para "comprar de vuelta" al miembro de la familia. El precio se paga para regresarlo o restaurarlo en su tierra o su familia. En el libro de Rut vemos un ejemplo del linaje de Noemí y Elimelec siendo redimidos mediante el matrimonio de Rut con Booz.

En la 2da copa de Pascua vimos que la salida de Egipto fue comprada por la sangre de un cordero aplicada en los dinteles para los israelitas. Pagó su salida de Egipto (el mundo), pero su libertad y redención no estaba completa hasta que fueron llevados a alguien y a un lugar con una nueva identidad. No fue suficiente ser libertados de un yugo de ataduras bajo la posesión del Faraón. Para ser libres completamente, tenían que entrar bajo la posesión y señorío de Aquel quien podía amarlos, cuidar de ellos y protegerlos de sus enemigos.

¿Recuerdan que en la 1ra copa mencionamos que Dios tuvo un problema y que un pueblo que ha visto esclavos por 430 años no tenía aspiración por la libertad y que Él descendería para rescatarlos cuando escuchara su clamor por libertad? Luego vimos cómo Dios tuvo que hacerlos despreciar su servidumbre y dejar de tolerar la esclavitud. Un clamor de angustia salió a la luz y Él descendió a liberarlos. Su brazo de juicio había destruido a Egipto y los sacó con señales y prodigios poderosos. Sin embargo, Dios ahora estaba por enfrentar su 2do problema. Los israelitas eran posesión legal del Faraón, y Dios hace todo legalmente. En Génesis 47, todos en Egipto con excepción de los sacerdotes de Faraón, se pusieron de acuerdo para venderse al Faraón por pan durante el tiempo de la hambruna:

*"Entonces José dijo al pueblo: «Hoy los he comprado a ustedes y a sus tierras para Faraón. Ahora, aquí hay semilla para ustedes. Vayan y siembren la tierra... Y ellos dijeron: «Nos ha salvado la vida. Hallemos gracia ante los ojos de Faraón mi señor, y seremos siervos de Faraón»."*

**Gn. 47:23, 25**

En este 3er paso de redención, Dios tuvo que transferirlos legalmente de propiedad del Faraón a la suya, y transferirlos de un reino de las tinieblas a su Reino donde ya no serían esclavos, sino su pueblo especial. Él les dice,

*"Ustedes han visto lo que he hecho a los egipcios, y cómo los he tomado sobre alas de águilas y los he traído a Mí. Ahora pues, si en*

*verdad escuchan Mi voz y guardan Mi pacto, serán Mi especial tesoro entre todos los pueblos, porque Mía es toda la tierra. Ustedes serán para Mí un reino de sacerdotes y una nación santa". Estas son las palabras que dirás a los israelitas».*

*Éx. 19:4-6*

¿Cómo Dios los recobra legalmente de la propiedad del Faraón para ser suyos? La 3ra copa de redención tiene la respuesta. Recuerde, Moisés sólo pidió permiso para llevar a los hijos de Israel a una jornada por el desierto para celebrar una festividad ante el Señor. La tarde se vuelve el 3er día cuando Moisés llegó con ellos a las orillas del Mar Rojo. (Vea el capítulo 4 y verá que fue en la tarde volviéndose 17 de *Aviv*). ¡Fue aquí cuando los israelitas miraron hacia atrás, paralizados con temor, para ver a Faraón y su ejército aproximándose para tomarles de vuelta! Entonces Dios le ordena a Moisés que levante su cayado y dice,

*"Pero Moisés dijo al pueblo: «No teman; estén firmes y vean la salvación que el Señor hará hoy por ustedes. Porque los egipcios a quienes han visto hoy, no los volverán a ver jamás."*

*Ex. 14:13*

Luego ocurrió el milagro; Dios seca el mar, y los hijos de Israel cruzan toda la noche hasta llegar la mañana del 17 de *Aviv*. Miraron atrás y vieron a Faraón y a su ejército ahogados, flotando en la superficie del agua. Un voto, como el matrimonio, se rompe con la muerte de un "esposo" haciéndolo legal para contraer matrimonio con otro (1 Co. 7:39). En el próximo capítulo hablaré de la 4ta copa de redención (llamada la copa de consumación), cómo Dios los estaba llevando a un monte para hacer votos nupciales. Con su antiguo pacto roto por muerte ahora eran libres para convertirse en su pueblo pactado.

¿Cómo este patrón se relaciona con nosotros cómo creyentes neotestamentarios de Jesús? Es increíblemente importante que comprendamos lo que ocurrió en esas aguas porque este patrón de redención y liberación se nos entregó a nosotros tanto como a ellos. Los hijos de Israel habían salido de Egipto, pero ahora debían limpiar la corrupción de Egipto y purificarse para tomar una nueva identidad antes de presentarse en el Monte para encontrarse con Dios. Cuando pasaron por las aguas, fue como un tipo de bautismo, sepultando el hombre antiguo para poder nacer como nuevas criaturas al llegar a la otra orilla. Las aguas fueron las que los separaron de su antigua vida de servidumbre. Egipto ya no podía perseguirlos para tratar de llevarlos de vuelta a su antigua identidad como esclavos. Podían mirar atrás, y ver a sus enemigos flotando en las aguas.

*Col. 2:12-15* dice,

> *"habiendo sido sepultados con Él en el bautismo, en el cual también han resucitado con Él por la fe en la acción del poder de Dios, que lo resucitó de entre los muertos. Y cuando ustedes estaban muertos en sus delitos y en la incircuncisión de su carne, Dios les dio vida juntamente con Cristo, habiéndonos perdonado todos los delitos, habiendo cancelado el documento de deuda que consistía en decretos contra nosotros y que nos era adverso, y lo ha quitado de en medio, clavándolo en la cruz. Y habiendo despojado a los poderes y autoridades, hizo de ellos un espectáculo público, triunfando sobre ellos por medio de Él."*

¡Increíble! ¿Puedes verlo? Lea este próximo versículo:

> *"…Cristo murió por los pecados una sola vez, el justo por los injustos, para llevarnos a Dios, muerto en la carne, pero vivificado en el espíritu. En el espíritu también fue y predicó a los espíritus encarcelados, quienes en otro tiempo fueron desobedientes cuando la paciencia de Dios esperaba en los días de Noé durante la construcción del arca, en la cual unos pocos, es decir, ocho personas, fueron salvadas por medio del agua. Y correspondiendo a esto, el bautismo ahora los salva a ustedes, no quitando*

*la suciedad de la carne, sino como una petición a Dios de una buena conciencia, mediante la resurrección de Jesucristo, quien está a la diestra de Dios, habiendo subido al cielo después de que le habían sido sometidos ángeles, autoridades y potestades."*

**1 P. 3:18-22**

*"El que crea y sea bautizado será salvo; pero el que no crea será condenado."*

**Mc.16:16**

Solía leer estas escrituras y sentirme confundida. Parecen decir que el bautismo nos salva, y denominaciones fijan su teología en este versículo. No obstante, no creo que Pedro está hablando de ser salvos del infierno. Sabemos que es la sangre de Jesús aplicada en nuestras vidas lo que la salva del infierno. Sin embargo, hay principados, poderes y fortalezas demoníacas con las que participamos y nos ponemos en acuerdo antes de ser salvos. Esto es lo que Dios corta de nosotros cuando entramos en las aguas del bautismo.

*"Por tanto, hemos sido sepultados con Él por medio del bautismo para muerte, a fin de que como Cristo resucitó de entre los muertos por la gloria del Padre, así también nosotros andemos en novedad de vida." Ro. 6:4*

Pienso que el enemigo conoce el poder del bautismo más que nosotros. Si alguien se salva de un culto satánico, los líderes del culto no se preocupan mucho si se han vuelto cristianos. ¡Lo que realmente quieren saber es si han sido bautizados! Ellos saben que una vez han sido bautizados, su habilidad para atarlos o para ganarlos de vuelta es nula. Es interesante que el problema del bautismo es lo que importa cuando alguien se convierte del islam al cristianismo. Pueden justificar un "asesinato honorable" una vez son bautizados. De la misma manera, cuando un hijo o hija se bautiza en el judaísmo ortodoxo, a menudo hacen un funeral como si hubieran muerto. Creo que hay una liberación poderosa que toma lugar en el mundo espiritual mediante el bautismo.

John y yo hemos observado a nuevas criaturas ser liberados de muchas fortalezas y opresiones demoníacas que continúan tratando de llevarlos de vuelta a "Egipto," de vuelta a sus comportamientos y adicciones del mundo. Es impresionante como nunca le han enseñado a tantos salvos, por la sangre de Jesús y que anhelan tener vidas piadosas, la importancia de ser bautizado en agua, y viven atormentados por el enemigo quien todavía tiene un derecho legal con ellos en esas áreas. En el bautismo, nos sujetamos al agua para romper con lo que estábamos en acuerdo con el mundo. Salimos del agua confiando que nos hemos identificado con la muerte, sepultura y el poder de resurrección de Jesús, y creemos por fe que esas fortalezas demoníacas están desarmadas y flotando en las aguas. En este punto del *Seder* es importante detenerse y reflexionar en tu propio bautismo recordando las fortalezas del mundo que fueron cortadas de tu vida en aquel día. Si ya has sido bautizado, pero no entendiste las dinámicas espirituales que estaban tomando lugar, entonces este es un buen momento para apropiarse de lo que realmente tomó lugar cuando fuiste sepultado bajo el agua. Si no has sido bautizado aún espero que después de leer esto comprenda cuán vital es para tu liberación y libertad.

En un bautismo judío, conocido como *mikvah*, siempre hay un testigo. Su trabajo tiene dos partes. Primero, se asegura que la persona que será bautizada es absolutamente sumergida; segundo, es un recordatorio constante que si Satanás trata de llevarlos a sus antiguos caminos, no tendrá más derechos legales con ellos. Las aguas lo separan de los antiguos hábitos y caminos del mundo. No puedes ir al sepulcro de un "muerto" y traerlo a la vida. ¡Si se tratara solo de esto en la 3ra Copa de Redención, podríamos alegrarnos y gozarnos, pero hay mucho más que celebrar en esta copa! Para obtener un impacto completo de lo que estoy a punto de compartir quisiera recordarte algunas de las costumbres que son parte de una ceremonia nupcial judía.

Un padre, o un representante (como en la historia de Isaac y Rebeca), elige esposa para su hijo. El hijo se aproxima al hogar de la esposa, llevando consigo un odre de vino, una suma de dinero (llamado *mohar* o el precio de la esposa), y el presente para la esposa. Primero, se le pide permiso a los padres de la esposa para contraer matrimonio, y si están de acuerdo llevan a la esposa afuera. Se bebe una copa de vino, llamada la Copa de Compromiso. Si la esposa está de acuerdo, beberá la copa de vino con el esposo. Luego el *ketuba*, se firma el contrato legal, y se paga el precio de la esposa. Presenta un presente para la esposa como promesa de su regreso, están legalmente casados y tendrían que divorciarse para disolverlo.

El esposo se marcha normalmente por un año, para construir una recámara nupcial a donde la llevará. Cuando su padre la haya inspeccionado y llegue a sus expectativas, suenan un *shofar,* y el esposo junto a 4 hombres llevando un palanquín (carruaje llevado en sus hombros para llevar a la esposa a la morada del esposo), comienzan a anunciar la procesión, "¡Mire, el esposo ha llegado!" El esposo se conoce como el "ladrón en la noche" porque normalmente llega a la morada de la esposa a media noche para "arrebatar" a la esposa. Luego, la lleva a su recamara nupcial preparada, bebe otra copa de vino con ella, llamada "Copa de Consumación." Después entran y consuman el matrimonio por 7 días. Con esto en mente, continuemos hacia Lucas.

*<sup>15</sup>y les dijo: «Intensamente he deseado comer esta Pascua con ustedes antes de padecer; <sup>16</sup>porque les digo que nunca más volveré a comerla hasta que se cumpla en el reino de Dios».<sup>17</sup> Y tomando una copa, después de haber dado gracias, dijo: «Tomen esto y repártanlo entre ustedes; <sup>18</sup>porque les digo que de ahora en adelante no beberé del fruto de la vid, hasta que venga el reino de Dios».*

**Lc. 22:15-18**

*Les digo que desde ahora no beberé más de este fruto de la vid, hasta aquel día cuando lo beba nuevo con ustedes en el reino de Mi Padre».*

**Mt. 26:29**

*En verdad les digo, que ya no beberé más del fruto de la vid hasta aquel día cuando lo beba nuevo en el reino de Dios».*

**Mc. 14:25**

"Con anhelo ferviente" Jesús dijo que quería celebrar esta Pascua particular con quienes ama. Una cita que llevaba en Su corazón y por la que esperó por mucho tiempo. ¿Qué tiene esta Pascua de diferente? La respuesta está en Lucas 22:20. Dice que Jesús tomó la copa después de la cena. La 3ra Copa es la que se toma en el *Seder* de Pascua después de la cena. Es la Copa de Redención. Los discípulos estaban familiarizados con esta copa hasta que Jesús hizo algo muy inusual. ¡De repente, tomó la 3ra Copa tradicional y comenzó a hablar un lenguaje nupcial! Todos los discípulos presentes eran judíos por lo que estaban familiarizados con las costumbres de una boda antigua judía. ¡Jesús sostuvo la 3ra Copa en Su mano y la convirtió en una Copa de Compromiso!

Recuerda, hablamos que una antigua boda judía tiene dos partes. Después de la Copa de Compromiso, el esposo "se marchaba en un viaje" hasta que la recamara nupcial o *chupa* fuera construida, el esposo regresaba por la esposa; la segunda copa concluía la segunda parte de la boda, llamada la consumación. Leí acerca de estas dos copas nupciales en literatura judía que documentan la autenticidad de esta tradición antigua. La siguiente cita es un ejemplo:

**"Una bendición sobre el vino precede a la ceremonia de compromiso, otra ceremonia nupcial. Porque dos ceremonias retienen su identidad propia aunque únicas, dos copas de vino deberían ser usadas para dos bendiciones sobre el vino…desde los tiempos antiguos el compromiso tomaba lugar en el hogar de la esposa y las nupcias en el hogar del esposo (en momentos diferentes), las dos copas separadas recuerdan esa historia." -www.chabad.org**

Fue en este contexto al que se refirió Jesús cuando levantó la 3ra Copa para que la tomaran juntos después de la cena, pero la 4ta Copa, la Copa de Consumación, no la bebería hasta el día en que regresará para llevar a Su esposa al *chuppa* nupcial! ¿A dónde se marchó?

En *Juan 14:2*, Jesús les dijo,

> *"En la casa de Mi Padre hay muchas moradas; si no fuera así, se lo hubiera dicho; porque voy a preparar un lugar para ustedes."*

La magnitud de lo que estaba haciendo debió haber dejado a Sus discípulos asombrados. Estaban preocupados por el tipo de posición de liderazgo y poder gue obtendrían ahora que el Mesías de Israel había llegado para libertarlos de sus opresores terrenales, comenzando un "nuevo pacto, escrito en sus corazones"... un pacto de compromiso de bodas...bebiendo una copa de vino para legalizarlo, comienzo el *matzah*, el Afikoman (la satisfacción)... la última cosa que se ingiere en el *Seder* de la Pascua!

Quiero añadir una explicación de este versículo donde lo cité en el capítulo 3.

> *Y Jesús les respondió: «¿Acaso pueden ayunar los acompañantes del novio mientras el novio está con ellos? Mientras tienen al novio con ellos, no pueden ayunar. [20] Pero vendrán días cuando el novio les será quitado, y entonces ayunarán en aquel día.*

*Mc. 2:19-20*

Jesús dijo, "Hagan esto en memoria de mí." ¿Qué debemos recordar cada vez que tomamos la comunión? ¡Que estamos legalmente comprometidos y que tenemos a un Esposo en el cielo que intercede por Su esposa preparando un lugar para nosotros cuando regrese! Pagó el precio (*mohar*) con Su propia sangre y en la próxima festividad de primavera en *Shavuot* (Pentecostés), Él nos dio un presente para Su esposa: ¡el Espíritu Santo habitando en el interior! *Hebreos 12:2* dice, *"por el gozo puesto delante de Él soportó la cruz"* ¿Qué era ese gozo? ¡Nosotros! Él estaba más allá de la cruz, el pago para "comprarnos de vuelta," y vio ese día cuando finalmente tendría la recompensa de sus 6 mil años de angustia, desde que Satanás le arrebató a Su esposa en el Jardín. Esto no es un cuento de hadas. Es verdad y somos parte de ello. Podemos participar de esta copa juntos, recordado lo que Él recuerda: *"...Tu amor de novia, de cuando me seguías en el desierto..." (Jer. 2:2)* ¡Cada Pascua, cada vez que tomamos la comunión podemos levantar nuestra Copa y decir, "Sí" a Él otra vez!

¿No es emocionante? ¿La hermosura de Su patrón te hace esperar esa reunión con tu familia y amigos cada año y cumplir esta cita con el Señor? ¿NO sería maravilloso tener un tiempo específico cada año en Su calendario para celebrar tu salvación y liberación con otros y alegrarte en lo que el Señor ha hecho y continúa haciendo en tu vida? No en el espíritu de servidumbre ni legalismo que impone un "yugo pesado" que viene con un espíritu religioso, sino en una expectativa y libertad conociendo que Él es un Dios vivo y ninguna otra Pascua será la misma.

## • 4ra Copa, "Los tomaré." •

*"Los tomaré a ustedes por pueblo Mío,*
*y Yo seré su Dios "*
*Éx. 6:7*

La última copa de Pascua se llama, "la Copa de Consumación" y se toma en la ultima afirmación en Éx. 6:7. No compartiré acerca de la 4ta Copa en este capítulo. Las primeras 3 Copas fueron los pasos a nuestra salvación, liberación y redención de "Egipto." Son las experiencias necesarias por las cuales Él nos lleva para volvernos nuevas criaturas. La 4ta Copa es nuestro destino, tan increíblemente llena de revelación y significado que tuve que escribir un capítulo completo acerca de ello. La próxima parada para los hijos de Israel fue una montaña para entrar en un voto nupcial con Dios. La 4ta Copa es parte de la última festividad llamada *Shavuot*. ¡Estoy segura que no te sorprenderá conocer que *Shavuot* trata de una boda también! De esclavos, a hijos, a reino de sacerdotes, a una esposa...que nos lleva a un patrón de las 4 Copas de

Redención. Maravilloso.

Alguien me hizo una pregunta recientemente, "¿Debemos cumplir las festividades judías como gentiles cristianos? ¿Paree un poco legalista?" Con el Espíritu Santo contristado en mí, conociendo el presente que Dios nos dio para reunirnos con Él en estas citas que no solo revelan los secretos de Sus 2 visitas a la tierra, sino que abre el cerrojo el profundo pozo de Su amor por nosotros y el plan glorioso de redención en el cual tiene Su mira en el futuro; respondí, "No tenemos que hacerlo, pero sería un honor, privilegio y bendición en esta vida si logramos celebrarlas."

*"Las estrellas no te conmueven,*
*las olas no te destruyen,*
*las montañas en su esplendor*
*No robarán tu corazón.*
*Este Dios que es santo, perfecto en hermosura,*
*Maravilloso en gloria, ha cautivado mi corazón.*
*De alguna manera mi mirada te ha abrumado,*
*De alguna manera mi débil amor,*
*Te ha robado el corazón."*

*-Sarah Edwards*

# ~ Capítulo 6 ~

## Shavuot

"...El rey me ha llevado a sus cámaras."
- Cnt 1:4

Mientras tomo asiento para escribir este capítulo acerca del *Shavuot,* sonrío y susurro al Señor, diciendo, "¡Tenemos muchas memorias con este!" Siento que Él sonríe, en acuerdo. Indagué en la revelación y significado de esta festividad por muchos años con un gran costo emocional, espiritual y económico; sin embargo, permaneció por 35 años como una buena información de su corazón. No me agradaba esta festividad. Pedía y pedía, las practicaba obedientemente, era desilusionante después de recibir los encuentros genuinos durante la Pascua. Los corazones de nuestros amigos cobraban vida mientras tenían encuentros con Jesús en la Pascua y preguntaban con entusiasmo si podíamos celebrar la siguiente festividad juntos; yo pensaba, "*Shavuot*...ay, esa no," y esperaba que olvidaran haberlo mencionado. Finalmente, en el 2011 y una vez más en el 2012, el Señor me reveló repentinamente varias perspectivas en sus emociones que están unidas a este sagrado "tiempo establecido." Trataré de compartir con ustedes mi historia, que se desenvuelve en el descubrimiento de esta festividad. Tiene un lugar importante en mi corazón, llenándome con asombro y un temor reverente por el Señor.

Al comienzo de mi jornada, mi pensamiento griego solía compartimentar las festividades como si una culminase para que dé comienzo a la otra. Si hacemos eso y nos aproximamos a las festividades, como sujetos en la escuela sin integrarse, tomamos el riesgo de perder el fluir cohesivo de la historia divina de amor desde el Génesis al Apocalipsis. Debemos ver la intensidad y pasión...el corazón de la justicia y la indignación santa que se ha puesto en marcha...cuando Él pagó el precio completo, por la Esposa que le pertenece justamente. Es una fuerza terrible para cualquiera o lo que sea que se interponga en su camino. Si nuestra fe cristiana existe sin esta realidad, sin la comprensión de esta historia épica de amor, la Biblia se vuelve aburrida y culminamos en una religión muerta. Fue el descubrimiento del desenlace de la historia de amor escondida en las festividades, que mantuvieron vivo mi corazón anhelando más de Él.

El propósito de compartir mi historia con otros no es para enseñar información. No buscaba el conocimiento; sino la intimidad y conocimiento de Él.

La mayoría de lo que comparto lo aprendí mediante el Espíritu Santo escoltándome paso a paso, tomado de mis diarios privados que jamás pensé compartir. Tomó varias indicaciones de parte de Él, para estar en acuerdo en cuanto a compartirme los secretos de Su corazón. No obstante, es Su anécdota, Su gloria y si alguno de estos te lleva a la intimidad amándolo más como resultado, entonces todo valdrá la pena.

## Repaso de las 4 Copas de Redención

La Pascua inició la liberación y redención de un pueblo que Él escogio para que fueran su tesoro especial. Dios no extinguió a una nación solo para sacar a un pueblo de la esclavitud de un sistema y liderazgo mundial de maldad. De la misma manera, Jesús no tomó forma de hombre en la tierra y sufrió una muerte agonizante solo para salvarnos del infierno. El drama de Éxodo y los eventos de la 1ra venida de Jesús 1,500 años después, tuvieron un propósito específico establecido en la fundación del mundo: En el Jardín del Edén, Dios perdió una compañera íntima en manos de Satanás. En el libro de Génesis, puso un plan en marcha para recobrarla. Es mejor que no lo degrademos al nivel de un cuento de hadas. Una vez explicado, recordemos en dónde Él dejó nuestros corazones después del *Seder* de Pascua. Enfocándonos en las 4 Copas de Redención, pudimos ver claramente cómo el patrón practicado por los hijos de Israel, en el libro de Éxodo, fueron los mismos pasos que Jesús nos hace tomar a cada uno de nosotros para escoltarnos a una relación con Él. Mientras tomamos la 1ra Copa de Éxodo 6:6-7, recordamos claramente cómo nos hizo ver nuestras ataduras en el mundo, al verlas las despreciamos y clamamos por ser libres. Recordamos al Dios que no solo produjo el clamor para hacernos abandonar la tolerancia, ataduras pasadas y presentes, sino que vemos que Él responde a ese clamor saliendo a nuestro rescate también.

Con la 2da Copa experimentamos que el camino fuera de Egipto fue mediante la sangre del cordero en los dinteles de las puertas en Éxodo, y la preciosa sangre de Jesús, 1,500 años después. Añadiendo la salvación y la liberación, también vimos la sangre del cordero sanando sus cuerpos para que no hubiera enfermos ni cojos entre ellos, *Sal. 105:37 "Pero a Su pueblo lo sacó con plata y oro, y entre Sus tribus no hubo quien tropezara."* Al descubrir este versículo nos dimos cuenta que la 2da Copa de liberación tuvo el poder de sanar nuestros cuerpos también.

Después de la cena, bebimos la 3ra Copa maravillosa de redención. Esta es la Copa en la que vimos pasar a los hijos de Israel a través de las aguas del Mar Rojo transfiriéndose de un reino a otro...de la posesión de un capataz a la posesión de un Redentor compasivo. En esta Copa vimos el poder del bautismo del agua que desarma principados y poderes que nos mantienen en ataduras, y que continúan tratando de perseguirnos después de ser salvos. Es en el sepulcro de agua del Mar Rojo en donde Dios se ocupó legalmente del Faraón y su ejército. De la misma manera, nuestro bautismo en agua es el lugar donde nuestro viejo hombre es considerado muerto con sus malos caminos.

¡Si la 3ra Copa no tuviera nada para experimentar, hubiera sido suficiente, pero después de esto, aprendimos lo que Jesús hizo en el *Seder* de Pascua con sus discípulos la noche antes de morir! ¡En la palabra, vimos cómo Él de repente cambió la 3ra Copa tradicional a una Copa de Compromiso y comenzó a usar el lenguaje nupcial que usaría un Esposo judío! Si no recuerda los detalles, puede leer el **Apéndice** al final del libro acerca de esta maravillosa 3ra Copa de redención; ¡y permita que su corazón sea lleno de amor nuevamente ante el momento profundo en el cual Jesús, reveló la razón de la "alegría ante Él" que le permitió pagar el precio de la Esposa con su propia sangre! ¡La revelación de esto nos hará sentir nacidos de nuevo una y otra vez!

## La 4ta Copa

Esto nos lleva a la 4ta Copa. Jesús no participó de la

4ta Copa con sus discípulos. Él convirtió la 3ra Copa en una Copa de Compromiso, como haría un típico esposo judío. Luego, dijo que prepararía un lugar para llevarlos y que no tomaría otra Copa de vino hasta que venga con el Reino de su Padre: *"Les digo que desde ahora no beberé más de este fruto de la vid, hasta aquel día cuando lo beba nuevo con ustedes en el Reino de Mi Padre" (Mt. 26:29).*

En el *Seder* de Pascua, a la 4ta Copa se le llama la Copa de Consumación y es la última 'afirmación' de *Éxodo 6:6-7: "Por tanto, dile a los israelitas: "Yo soy el Señor, y <u>los sacaré</u> de debajo de las cargas de los egipcios. <u>Los libraré</u> de su esclavitud, y <u>los redimiré</u> con brazo extendido y con grandes juicios. <u>Los tomaré</u> a ustedes por pueblo Mío, y Yo seré su Dios. Sabrán que Yo soy el Señor su Dios, que los sacó de debajo de las cargas de los egipcios."*

Recuerde la antigua ceremonia nupcial judía de la que hablamos en la **Sesión 1**. Después de que la Esposa bebe de la Copa de Compromiso quien accede a este contrato de unión legal, el Esposo se marcharía a construir un *chuppa* o recámara nupcial en la casa de su padre, a donde llevaría a su esposa cuando todo esté listo. En aquel futuro día que solo el padre conoce, el esposo la llevaría al *chuppa* nupcial y beberían de la última Copa de vino juntos, llamada la Copa de Consumación. Luego, consumarían la boda por 7 días.

Al final del *Seder* de Pascua que celebramos John

y yo, siempre sentí que la última copa se ignoraba. Se bebe justo después de la 3ra Copa, la cual tiene mucho significado y encuentros genuinos, lo cual no se veía justo apagar ese momento para proseguir hacia la última copa. Consecutivamente, mencionaba la 4ta Copa, explicando que es la Copa de Consumación y decía varias oraciones que no son tomadas en consideración a menudo después de una larga cena en la tarde, llena de alimentos, vino y nueva revelación. La 4ta Copa debía permanecer como una pieza escondida del rompecabezas por un tiempo, pero ahora le mostraré cómo anduve por la senda en la que finalmente encontré el tesoro sepultado de Jesús, el *Afikoman* (la Satisfacción), concerniendo a la 4ta Copa, apropiadamente llamada la "Copa de Consumación." Al final de este capítulo le diré más acerca de lo que he descubierto acerca de esta Copa de Redención, pero para que usted pueda captarlo, debo llevarle por la senda que yo tomé descubriendo el *Shavuot*.

## Mi Jornada descubriendo el Shavuot

Aprendo cosas visualmente. El Espíritu Santo me habla mediante imágenes. La primera "imagen" del *Shavuot* que vi fue en la sinagoga de mi suegra cuando buscaba de Él por primera vez por el significado de esta festividad. Caminé hacia la puerta del santuario y quedé pasmada por la hermosura del mismo. Flores y verdor estaban por doquier. El sol entraba por las ventanas con rallos de luz brillando en el pódium central, enfatizando dos panes trenzados de *challah* gigantescos. ¡Era encantador y recuerdo haber pensado que seguramente debió haber sido preparado para una boda! Hizo tal impresión en mis emociones que aún puedo recordarlo vívidamente, más de 3 décadas después.

En libros judíos de la librería, leí que el *Shavuot* fue una de las festividades de 3 peregrinajes anuales en el antiguo Israel. Tres veces al año, en la Pascua, *Shavuot*, y *Sukkot* (Fiesta de los Tabernáculos), se le requería a los hijos de Israel que vinieran de las naciones alrededor para celebrar juntos en Jerusalén. Leí que en *Shavuot*, ya que cae en Mayo/Junio de nuestro calendario gregoriano, las flores habían florecido, las colinas alrededor de Jerusalén estaban verdes con nuevos renuevos de primavera y era la Cosecha de Trigo. Justo antes del comienzo de esta festividad, los agricultores entraban a sus campos, atan los primeros manojos de trigo con un cinto rojo para marcarlos para las primicias de la Cosecha de Trigo. Unos días después en el comienzo del *Shavuot*, fueron cortados y llevados al templo en Jerusalén para ser ofrendados, o mecidos ante el Señor. Aprendí que esta festividad conmemoraba el día en que los hijos de Israel recibieron por primera vez la *Torá* en el Monte Sinaí, y se pactaron con Dios. Es por esto que judíos devotos leían las escrituras juntos toda la noche, enfocándose en el libro de Rut, porque su historia ocurrió entre la cosecha del trigo y la cebada. Las grandes hogazas de pan en la sinagoga fueron la imagen de la plenitud de la cosecha de trigo en *Shavuot*.

Estas fueron imágenes que guardé en mi corazón: la sinagoga preparada para una boda, y la hermosa escena que imaginé del antiguo Israel. ¡Imaginé caravanas de judíos entrando a Jerusalén, sus vagones llenos de granos y ofrendas frutales para el Señor…entrando a Jerusalén y mirando las colinas marcadas con cintos rojos amarrados a los manojos de trigo…sintiendo la primavera…esperanza renovada…regocijándose unos con otros…cantando y danzando, celebrando al Dios de Israel y las bendiciones que Él les otorgó! Fue tan profundo para mí el participar también. ¡Quería crear esa imagen, y seguramente Él se presentaría y mi corazón tendría un encuentro con una revelación de Sí mismo en medio de todo! Lo que ocurrió después será visto como un viaje totalmente egocentrista o pudo ser un corazón inmaduro, pero sincero que solo anhelaba encontrarlo a Él. Solo Dios sabe.

Mi pobre esposo junto a nuestros mejores amigos, Bob y Donna, quienes se unieron a mi plan aventurero e irracional, tratamos de recrear la imagen del *Shavuot*, que llevaba en mi mente del antiguo Israel. Rentamos una sala grande para banquetes para la fecha del *Shavuot* en el Centro Comunal de Chilson en la ciudad de Loveland, Colorado donde vivíamos. ¡Luego, pasamos las siguientes 6 semanas preparando, construyendo y planificando la creación de la ciudad antigua de Jerusalén con el Templo en el centro de la habitación! Hicimos la Puerta del Este de 8 pies de alto con madera terciada y cortamos arcos para hacerla lo más parecido posible. Pintamos con esponjas lo que se suponía que serían las rocas de Jerusalén sobre papel marrón postal que colgamos sobre la madera terciada. Reunimos flores, palmeras, vinos y follaje. Amarramos manojos de trigo con cintas rojas para el centro de la mesa al lado de canastas rebozando con frutas. Colgamos globos morados con hilos verdes en postes para que parecieran uvas de la Tierra Prometida con un camino a través de la sala que escoltaba a nuestro "templo" para que después de la cena, cada uno de nuestros invitados pudiera llevar a su familia adentro y tomar la comunión juntos. Al final de la tarde, nos imaginábamos reunidos en medio de la sala, amarrados con un cinto rojo, ofreciéndonos como manojos de trigo delante del Padre, pidiendo que derrame su Espíritu Santo como lo hizo cuando cumplió esta festividad de *Shavuot* (*Pentecostés,* en griego) en Hechos 2. ¡Sin lugar a duda, sería una tarde que cambiaría la vida!

¡Cuando recuerdo este evento, treinta años después, me hace sentir abrumada! Tomó mucho tiempo, energía y dinero para formarlo, pero lo que puedo decir es que en aquel tiempo la preparación fue gloriosa. Sentí la presencia del Espíritu Santo muy fuerte en cada paso y sentimos su extravagancia por entregar nuestro todo. Tim Ruthven, nuestro amigo y padre espiritual, estaba emocionado de aprender de las festividades judías con nosotros y así vino a compartir esa tarde y dijo que su tiempo de preparación, como el nuestro, fue lleno con una expectativa santa de Su presencia.

En este mismo tiempo, rentamos el espacio de una oficina en una tienda antigua de la ciudad a unas cuadras de distancia y estuvimos orando un año con Bob y Donna para que Dios derramara su Espíritu Santo sobre nuestra ciudad. Antes de que usted se asombre por nuestro celo espiritual, fue honestamente uno de las cosas más opresivas que hayamos hecho jamás. Nuestras oraciones no tenían unción, nuestros corazones tenían estupor, y mayormente dormíamos o matábamos moscas en las repisas de las ventanas. Solo Dios sabe si nuestras oraciones débiles tomaron vuelo y cumplieron todo por su reino en Loveland, Colorado. No obstante, lo logramos y sentimos una expectativa aumentada mientras oramos por 6 semanas que nos llevó a nuestra festividad de *Shavuot*. Lo sentimos, Tim lo sintió; ¡Dios iba a derramar de su Espíritu Santo en la habitación rentada que habíamos preparado!

Todavía puedo recordar la emoción esa noche cuando todo estaba listo. La habitación estaba hermosa. Las mesas preparadas con manteles blancos y las velas en cada mesa daban un ambiente de bienvenida con las canastas de frutas y cintas rojas amarradas en los manojos altos de trigo. Ahí, en el centro de la sala se encontraba nuestra gloria coronada...el templo con velas alumbrando tenuemente en la mesa, con palmeras, flores, y nuestras "uvas" adornando el exterior. La atmósfera se sentía electrizante con Su presencia. ¡Era seguro que el Señor estaba en este lugar! Luego, algo terrible ocurrió y la atmósfera cambió; los invitados comenzaron a llegar. Fue como si alguien hubiese tomado un alfiler y hubiera desinflado un globo. En un minuto me sentí como Cenicienta con un hermoso vestido en el baile siendo cortejada por un príncipe guapo, y en otro, estaba corriendo a mi casa en mis trapos a pie después de que mi carruaje se convirtiera en calabaza.

Cuando las personas entraron por la puerta, nuestro templo se parecía un cobertizo harapiento, las uvas se desinflaron rápidamente, toda la sala se veía chabacana y por encima del tope de ridícula. Me sentí como Bozo el payaso con una gran nariz roja y deseé salir corriendo de la habitación. Fue horrible. ¡John dijo algunas palabras y Tim compartió algo que no tenía sentido, y después dijo que sintió cómo la expectativa y la unción que llevó por semanas se le filtraba por debajo de sus zapatos! De alguna manera la tarde pasó y llegué agotada a casa, desilusionada, humillada y enojada con Dios por habernos abandonado. Me acosté en mi cama, con lágrimas bajando por mis mejillas, y le dije, "¡Nunca haré esto de nuevo! ¿A dónde fuiste? ¿Por qué hiciste esto?" Sentí que respondió, *"Me agradó."* Le pregunté, "¿Te agradó? ¿Por qué?" Él dijo, *"Me agradó cuando lo vi desde los cielos, viendo una imagen de Mí; un testimonio de Mí en medio de una ciudad. Me ha deleitado. Gracias."* ¿Alguna vez usted ha sentido como si, aunque su mente se siente como una tonta, en el espíritu puede comprenderlo todo? ¡Ese fue uno de esos momentos y todo lo que pude decir fue, "De nada" pero al mismo tiempo sentí nunca querer volver a acercarme a esa festividad otra vez!

Después de esa tarde, me enfoqué en las otras festividades y tuve que poner al *Shavuot* en la repisa por un tiempo. Supe que había mucho más que lo que había podido ver hasta ahora, pero tuve que tomar un tiempo hasta que Él afirme el momento para traerlo a la luz otra vez. Cuando la temporada llegaba, horneamos el *challah*, tomamos las cenas tradicionales lácteas, y algunos años tratamos de quedarnos despiertos toda la noche leyendo la palabra, pero a duras penas terminamos el libro de Rut antes de irnos a dormir.

Sentí una pequeña chispa cuando me dieron una explicación escrita del *Talmud*, tomada de los historiadores acerca de lo que dicen que ocurrió en Éxodo 19, cuando Dios sacó a los hijos de Israel al Monte Sinaí. (Este es el mismo que mencioné arriba en el **Apéndice H**). ¡En general, describieron el evento dramático con viento y el tronar de la voz de Dios en

214

70 idiomas conocidos y lenguas de fuego en la montaña! Fue la invitación de Dios a las naciones para que hicieran un pacto con Él, pero la nación de Israel fue la única que dijo, "Sí." Es tan impresionantemente similar a la experiencia que tuvieron los discípulos, que es fácil ver que en esta misma festividad de *Shavuot* que fue iniciada en Éxodo 19, el Señor vino y la cumplió 1,500 años después. Me maravilla y me hace confiar en su validez el hecho de que escrituras judías, que no quieren alinearse con el Nuevo Testamento, coinciden con lo que escribieron Pablo y otros escritores del Nuevo Testamento.

En 1999, estaba leyendo el libro llamado, <u>The Jewish Way</u> por el Rabino Irving Greenberg. Me gusta este libro y lo recomiendo a cualquiera que quiera ver el corazón de las festividades, en vez de obtener solo información. Es uno de los libros judíos que considero que fue enfatizado por el Espíritu Santo cuando necesitaba comprender la mentalidad y filosofía de la vida. En este momento, estaba hallando lenguaje nupcial en muchas de las festividades lo cual comenzó a llamarme la atención. Estaba leyendo el capítulo del *Rabí* Greenberg acerca del *Shavuot*, y me encontré con una sección muy interesante (pág. 82-84). Habla acerca de costumbres modernas que rodean a esta festividad y mencionó que algunos judíos se quedan despiertos toda la noche preparando la boda con Dios en el Monte Sinaí, y lo vi **"como un tiempo para preparar el ajuar para las bodas** (con Dios) **en la mañana." (Rabino**

Irving Greenberg, _The Jewish Way_, pág. 82). Luego, harán una simulación de una ceremonia judía el día después, renovando sus votos nupciales entre ellos y el Señor. Cuando leí esto le pregunté al Espíritu Santo si eso era lo que estaba ocurriendo realmente en el Monte Sinaí en Éxodo 19. ¿Fue más que la entrega de la ley? ¡Si fue más que otra imagen de una boda como había visto en algunas otras festividades, entonces estaba intrigada por pronunciar lo obvio!

## Progresión del Cambio de Nuestra Identidad en Éxodo

En Éxodo 19, leí varias veces buscando claves. ¡Y pude verlo! ¡Pude comprender lo que estaba ocurriendo en esa montaña!

### Copa #1

- Él llamó a esclavos a que despreciaran su servidumbre.
- _Y el Señor dijo: «Ciertamente he visto la aflicción de Mi pueblo que está en Egipto, y he escuchado su clamor a causa de sus capataces, pues estoy consciente de sus sufrimientos. (Éx. 3:7)_
- _Por tanto, dile a los israelitas: "Yo soy el Señor, y los sacaré de debajo de las cargas (tolerancia) de los egipcios. Los libraré de su esclavitud, y los_

*redimiré con brazo extendido y con grandes juicios. (Éx. 6:6)*

## Copa #2

- Él llamó a su Hijo (primero Israel, luego Jesús) a las afueras de Egipto.
- *Cuando Israel era niño, Yo lo amé, y de Egipto llamé a Mi hijo. (Os. 11:1)*
- *Estuvo allá hasta la muerte de Herodes, para que se cumpliera lo que el Señor habló por medio del profeta, diciendo: «De Egipto llamé a Mi Hijo». (Mt. 2:15)*

## Copa #3

- Él los redimió del enemigo y los llevó como sacerdotes al desierto.
- *"Ustedes han visto lo que he hecho a los egipcios, y cómo los he tomado sobre alas de águilas y los he traído a Mí. Ahora pues, si en verdad escuchan Mi voz y guardan Mi pacto, serán Mi especial tesoro entre todos los pueblos, porque Mía es toda la tierra. Ustedes serán para Mí un reino de sacerdotes y una nación santa". Estas son las palabras que dirás a los israelitas». (Éx. 19:4-6)*

## Copa #4

- Los llevó a una montaña para que fueran Su esposa prometida.

- *«Ve y clama a los oídos de Jerusalén, diciendo: "Así dice el Señor: 'De ti recuerdo el cariño de tu juventud, Tu amor de esposa, De cuando me seguías en el desierto, Por tierra no sembrada. (Jer. 2:2)*

## Matrimonio en la Montaña

El 4to paso de nuestra redención de *Éxodo 6:6-7* es, *"...los tomaré como Mi pueblo, y Yo seré su Dios."* Dios no sacó a los hijos de Israel de Egipto solo para salvarlos de la servidumbre. Él tenía algo más que liberación en su mente, más que redimir, o comprarnos de vuelta, del enemigo. Eso fue parte de lo que fue cumplido, primero en Egipto y luego, 1,500 años después, cuando Jesús vino a morir por nosotros. No obstante, si eso es todo lo que vemos entonces, tenemos un punto de vista egocentrista de nuestra historia de salvación. Él no cumplió todo tratándose de lo que nos beneficiamos; sino por lo que Él obtiene. Él fue quien perdió a Su compañera en el Jardín. Él es quien anhela a su Prometida de vuelta. Él fue quien pagó el precio por la infidelidad de ella y sufrió la injusticia del inocente muriendo por el culpable. Él es quién se merece la recompensa, no solo por morir una muerte cruel en la cruz, sino por los 6,000 años siendo un Esposo despreciado.

En Éxodo 19, los hijos de Israel fueron delante de Dios en el Monte Sinaí y se consagraron por 3 días. Al tercer día, Dios apareció en una muestra de poder aterrador, del cual leímos en los recuentos históricos judíos de aquel primer *Shavuot*; viento, relámpagos, lenguas de fuego, truenos, y una nube densa de Su presencia que descendió. Hubiera sido aterrador si no conocías al Señor ni sus intenciones al traerlos allí. Él tenía a Moisés para decirles una dulce palabra acerca de llevarlos en alas de águila fuera de Egipto para ser una Nación Santa de sacerdotes. Un tesoro especial para Él, entre todas las naciones de la tierra. Hubo un sonar estruendoso del *shofar* para invocar a esta Prometida al Monte Sinaí. Se habló de esto en *Éx. 19:16-19,*

*"Y aconteció que, al 3er día, cuando llegó la mañana, hubo truenos y relámpagos y una densa nube sobre el monte y un sonido tan fuerte de trompeta, que hizo temblar a todo el pueblo que estaba en el campamento. Entonces Moisés sacó al pueblo del campamento para ir al encuentro de Dios, y ellos se quedaron al pie del monte. Todo el monte Sinaí humeaba, porque el Señor había descendido sobre él en fuego. El humo subía como el humo de un horno, y todo el monte se estremecía con violencia. El sonido de la trompeta aumentaba más y más. Moisés hablaba, y Dios le respondía con el trueno."*

# Tres sonidos importantes del Shofar

El judaísmo tiene 3 sonidos importantes del *shofar*. El que suena en *Shavuot* en este versículo se llama la "1ra Trompeta." El que suena en la primera festividad de otoño de *Yom Teruah (Rosh Hashana)* se llama "Última Trompeta." El que suena en *Yom Kippur* se llama la "Gran Trompeta." Todos están grabados en la escritura y todavía suenan hasta el día de hoy. Hablaremos más de ellos cuando discutamos acerca de las Festividades de Otoño. ¡Solo para brindarles curiosidad, les diré que todos son parte de una ceremonia judía! Espero que pueda leer el segundo libro, ***Velando y Esperando: Encontrando a Jesús en las Festividades de Otoño.***

## Pacto Nupcial en el Sinaí

En el Monte Sinaí, Dios estaba invitando a las personas a un voto matrimonial. Como si Dios dijera, *"Te he tomado, Israel, para que sean Mi pueblo escogido. Mi Prometida. Si me aceptas, y me tomas como tu Dios, solo di, "Acepto.""* El pueblo respondió con un "Sí" en el siguiente versículo:

*"Y todo el pueblo respondió a una, y dijeron: «Haremos todo lo que el Señor ha dicho». Y Moisés llevó al Señor las palabras del pueblo."*

*Éx. 9:8*

En Deuteronomio 18, leímos acerca de las bendiciones y las maldiciones. En otras palabras, Dios les dijo, *"Los tomaré este día para que sean mi pueblo." Si ustedes aceptan en tomarme como su Dios, es de esta manera en que Yo cuidaré de ustedes como Esposo. Si son fieles y me aman como una Esposa guardando estos votos matrimoniales, entonces todas las bendiciones de Deuteronomio 28 serán tuyas. Pero, si me eres infiel, todas las maldiciones mencionadas caerán sobre ti. Si me abandonas por otros dioses, les haré tan miserables que aun si tratan de venderse desesperadamente como esclavos a Egipto, serán tan grotescos que ni los aceptarán. Luego, tendrán que regresar ante Mi y cuando lo hagan, Yo los restauraré, bendeciré todo lo que han perdido y los amaré."* Esto fue un pacto y Dios les estaba advirtiendo que Él toma sus votos en serio. Les advirtió no decir, "Sí" a menos que intentaran ser fieles a Él.

El pueblo se puso en acuerdo con lo que considero que fue el 1er voto nupcial legalmente unido y que fue un compromiso. En una antigua boda judía, el compromiso tenía un contrato escrito llamado *ketubah*. El Señor dejó un contrato, el cual llamamos los 10 Mandamientos. Pero aquí está la parte interesante.

La 2da parte de la ceremonia nupcial se lleva a cabo en la recámara nupcial, o *chuppa* donde es consumado.

## El Misterio de la 4ta Copa es Revelado

El pueblo tenía miedo de subir, así que Moisés entró en la nube y Dios descendió. Moisés comió con ellos en un mar de cristal en la montaña. No haré comentarios acerca de esto ahora, mas guarda esta imagen ya que será muy significante para ti verlo como parte de tu historia futura también. Más te recuerdo, hablaremos de ello mas adelante. En estos momentos, Jesús está construyendo una recámara nupcial en la Jerusalén celestial para llevarte un día. Él tomó la 3ra Copa del Compromiso y dijo en *Jn. 14:2-3,*

> *"En la casa de Mi Padre hay muchas moradas; si no fuera así, se lo hubiera dicho; porque voy a preparar un lugar para ustedes. Y si me voy y les preparo un lugar, vendré otra vez y los tomaré adonde Yo voy; para que donde Yo esté, allí estén ustedes también."*

Él dijo que no tomaría la 4ta Copa con ellos hasta que llegue el Reino de su Padre también (Mt. 26:29). Considero que aludía a la consumación en el *chuppa*, al que nos llevaría un día cuando esa última copa de vino sería compartida entre el Esposo y la Esposa.

Esto explica por qué la 4ta Copa del *Seder* de Pascua se ha visto como inapropiada de tomar en ese momento. Me sentía incomoda apresurando los pasos hasta el final, pero sentía que apagaría lo que el Espíritu Santo hacía con la 3ra Copa. Ahora estaba por comprender por qué Jesús tampoco la bebió. ¡Está reservada para otro tiempo en un lugar especial que está preparando para nosotros, aun ahora! Aun mientras lo escribo, me digo a mí misma, "¿Comprendes lo que acabas de escribir?"

Todos estos años celebrando el *Seder* de Pascua, sintiéndome culpable por no haberle hecho justicia a la 4ta Copa, de repente cobra sentido. La 4ta Copa de Redención es marcada de acuerdo a las 4 afirmaciones de la acción de Dios encontrados en Éxodo 6:6-7. Las primeras 3 Copas son los pasos para salvar y libertar a los israelitas de Egipto (y de este sistema mundial bajo el mando de Satanás) pero la 4ta Copa se mantiene sola. No es parte de las acciones que Dios inicia para salvar y libertarnos; sino que es la meta hacia nuestra salvación. En primer lugar, es la razón del rescate de misión divina. Dios quiere una compañera y ha puesto su efecto sobre nosotros. Él nos está sacando, nos está limpiando, y nos está separando como un pueblo santo y sin mancha, "una Esposa ataviada para su Esposo."

Recuerden, hay 2 Copas que se toman en dos

tiempos diferentes en una boda judía. La primera es la Copa del Compromiso, y luego la Copa de Consumación, tomada por el Esposo y la Esposa en la recámara nupcial o *chuppa,* donde se mantienen juntos y se vuelven una carne físicamente. Como mencionamos en el capítulo anterior, Jesús estaba haciendo un *Seder* de Pascua tradicional con sus discípulos antes de su muerte, hasta la 3ra Copa después de la cena, en Lucas 22:20. Recuerden, Él convirtió esa copa en la Copa de Compromiso, lo cual se haría realidad una vez Él lo cumpla, dijo que prepararía un lugar para llevarlos con Él y no tomaría otra copa hasta llevarnos al cielo un día.

En otras palabras, Jesús dijo, "no beberé contigo esa última Copa de Consumación que bebes cada año al final de la cena del *Seder,* porque ha sido practicada en esta ceremonia por los últimos 1,500 años hasta que llegué y la cumplí." Es interesante saber que la palabra hebrea para "cumplir" significa "recorrerla paso a paso," e "interpretarla apropiadamente." Un ejemplo de esto se encuentra en ***Mt. 5:17, "No piensen que he venido para poner fin a la ley o a los profetas; no he venido para poner fin, sino para cumplir."***

Como si Jesús dijera,

> *"Esta ceremonia ha sido practicada todos estos años para que cuando regrese a la tierra yo cumpla esta cita. Ahora están comprometidos conmigo después de beber la 3ra Copa y los que creen en mí después de ustedes se comprometerán conmigo también. Sin embargo, de ahora*

*en adelante, no beban la última copa. ¡Se le llamó la Copa de Consumación, porque lo es! ¿Te has preguntado por qué se le llamó así? Piensa en lo que dice Éxodo 6:7; Te llevaré a Mí…Me iré a construir una recamara nupcial pero cuando regrese, te llevaré a Mí…a este lugar en el cielo que estoy construyendo…y en ese momento, beberemos esta Copa de Consumación como lo hacen en toda boda judía."*

¡Wow! Ahora comprendí por qué en cada *Seder* de Pascua que celebramos los últimos 38 años se sentían consumados después de celebrar la 3ra Copa de Redención. Jesús no bebió la 4ta Copa con sus discípulos porque la estaba guardando para ese día especial, en el futuro, cuando regrese, para tomar a su Esposa (por quien pagó, por precio de sangre), y cumplir la segunda parte del pacto matrimonial. Fue un alivio saber que no estábamos ignorando esta Copa cada año, sino que Él realmente decía, "Aún no es el tiempo."

Moisés llevó a los hijos de Israel al Monte Sinaí para ser pactados legalmente en el 1er *Shavuot* grabado en la Biblia. Luego, Moisés subió al Monte, desapareció con Dios en la nube y experimentó la consumación. ¡La nube descendió y Moisés fue a encontrarlo en la nube! (Éx. 19:20, Éx. 24:15-18). ¡Guarde esto en su memoria pues Apocalipsis 1:7 dice que Jesús vendrá en las nubes! Moisés fue el primer precursor que guardó el patrón de las Festividades de Primavera en el libro de Éxodo.

Luego, vino Jesús, "un Profeta como Moisés," implementó los pasos, los cumplió, y continuará cumpliendo el mismo patrón. Más adelante, Moisés emprendió los pasos del patrón de las Festividades de Otoño de Éx. 19-34, que compartiré con ustedes cuando los estudiemos. Algún día en el futuro, Jesús lo pondrá en obra y las cumplirá de la misma manera. Todo es demasiado maravilloso para describirlo en palabras.

## Revelación del Corazón de Dios, 2012

En la primavera del 2012, tuve una revelación de Él en *Shavuot* la cual considero como la clave para comprender su corazón, el cual es expresado a través de la escritura de los profetas. Me *pidieron* que enseñara una clase acerca de las festividades y justo acabamos de experimentar la anécdota hermosa de la redención y liberación que yace en el *Seder* de Pascua. No podían esperar por mi clase acerca del *Shavuot,* mas yo no sentía ánimos. Podía compartir la fotografía nupcial que el *Rabí* Greenberg me ayudó a ver en Éxodo 19, y era magnífico, pero anhelaba conocer más. Podemos esforzarnos para comprender algo en la Palabra, pero aun si tratamos, no hay manera de que podamos ver la comprensión de la revelación por nuestra cuenta. Eso es lo que ocurrió 20 minutos antes de entrar a la clase para enseñar acerca del *Shavuot.*

Sentada en mi vehículo, le dije al Señor, "Sé que hay algo más acerca de esta festividad. Lo he sentido por años, pero no lo comprendo. ¿Dónde yace tu corazón en esto?" Lo sentí responder casi instantáneamente, y lo que dijo me hace llorar cada vez que lo comparto. Él dijo, "Es cuando hice mi corazón vulnerable." Me quedé ahí, petrificada. ¿Qué? ¿Cómo puede Dios ser vulnerable con el hombre? Imposible. Impensable, pero la revelación comenzó a desenvolverse. Espero que te detengas, tomes una pausa y recibas lo que estoy a punto de decir porque esto no es teología ni información; se trata de las emociones de Dios y su magnitud, absolutamente quebranta el corazón.

Por lo que veo en la Escritura, hasta este momento en el Monte Sinaí, Dios no se había revelado a Sí mismo como el Esposo. Es un rico estudio para vislumbrar cómo Dios revela Su carácter mediante sus diferentes nombres en momentos estratégicos en el Antiguo Testamento. Recomiendo grandemente que lean *The Names of God* (Los Nombres de Dios), por Andrew Jukes. Es otra herramienta que Dios usó para ayudarme a conocerle más íntimamente. Vemos que Él es *Elohim*, el poderoso Dios Creador, pactado con todo lo que Él ha formado. Más adelante en Génesis, se le aparece a Abraham tiernamente, lo llama Su amigo y se le revela como *El-Elyon*, "El Señor Altísimo", gobernante sobre los cielos y la tierra. Vemos la revelación de Jehová (YHWH), obrando poderosas señales y prodigios, libertando a los hijos de Israel de Egipto con un poderoso brazo extendido pidiendo justicia y santidad, y le advierte a Israel de no adorar a otros dioses,

*"No los adorarás ni los servirás. Porque Yo, el Señor* (Jehová) *tu Dios, soy Dios celoso, que castigo la iniquidad de los padres sobre los hijos hasta la tercera y cuarta generación de los que me aborrecen, y muestro misericordia a millares, a los que me aman y guardan Mis mandamientos.*

*Éx. 20:5-6,* paréntesis añadido

Como *El Shaddai*, Él revela su provisión y protección en el desierto después de libertar a su pueblo de Egipto. Andrew Jukes dice,

*"Este es El Shaddai, el que 'Se derrama,' se derrama a sí mismo por sus criaturas; quien les entrega su sangre de vida; quien 'derramó su Espíritu Santo,' y dice, 'Ven a mí y bebe; abre tu boca y yo la llenaré."*

**Andrew Jukes,** *The Names of God,* **pág. 69**

Él es la nube de día y el fuego de noche. Les alimenta con maná y hace fluir agua de una peña, mientras los protege de sus enemigos.

Luego, los llevó al Monte Sinaí, *"Los tomaré a ustedes por pueblo Mío, y Yo seré su Dios. Sabrán que*

*Yo soy el Señor su Dios, que los sacó de debajo de las cargas de los egipcios" (Éx. 6:7)*, y algo maravilloso ocurre. Compromete a su pueblo con Él legalmente, tal y como los requerimientos en una antigua ceremonia nupcial, cuando la Prometida acepta, el contrato (*ketuba*, los 10 Mandamientos) es escrito por el Prometido, y desde ese momento, el contrato nupcial es legal. Observando mediante estos lentes puede leer Deuteronomio 28, las bendiciones y maldiciones, comprendiendo la promesa de la bendición de parte de Dios a una esposa fiel, y la advertencia de juicio para una esposa infiel.

Una vez Él se vuelve el Esposo, todo cambia. Cualquier hombre casado puede comprender esta vulnerabilidad, donde la esposa con la que contraes matrimonio sostiene tu corazón en sus manos y que podrías quedar devastado si ella se marcha con otro. Esto es lo que Israel le hizo al Señor, y la angustia del corazón quebrantado de Dios por su esposa infiel se escucha a través de la escritura de los profetas. Leamos algunos de estos versículos y permítase sentir las emociones de Dios a la luz de esta perspectiva.

*"«Ve y clama a los oídos de Jerusalén, diciendo: "Así dice el Señor: 'De ti recuerdo el cariño de tu juventud, tu amor de esposa, de cuando me seguías en el desierto, por tierra no sembrada… Así dice el Señor: «¿Qué injusticia hallaron en Mí sus padres, para que se alejaran*

*de Mí y anduvieran tras lo vano y se hicieran vanos? Tampoco dijeron: "¿Dónde está el Señor que nos hizo subir de la tierra de Egipto, que nos condujo por el desierto, por una tierra de lugares desolados y barrancos, por una tierra seca y tenebrosa, una tierra por la que nadie pasó y donde ningún hombre habitó?".*

*Jer. 2:2, 5-6*

*"Ciertamente, como una mujer se aparta en rebeldía de su amado, así ustedes han obrado en rebeldía conmigo, oh casa de Israel», declara el Señor.*

*Jer. 3:20*

*"Entonces los que de ustedes escapen me recordarán entre las naciones adonde serán llevados cautivos. Porque he sufrido a causa de sus corazones adúlteros que se apartaron de Mí, y a causa de sus ojos que se prostituyeron tras sus ídolos. Pero se aborrecerán a sí mismos por los males que han cometido, por todas sus abominaciones.*

*Esdras 6:9*

*"Entonces vino a mí la palabra del Señor: «Hijo*

*de hombre, haz saber a Jerusalén sus
abominaciones, y di: "Así dice el Señor Dios a
Jerusalén: 'Por tu origen y tu nacimiento eres de
la tierra del cananeo, tu padre era amorreo y tu
madre hitita. En cuanto a tu nacimiento, el día
que naciste no fue cortado tu cordón umbilical,
ni fuiste lavada con agua para limpiarte; no
fuiste frotada con sal, ni envuelta en
pañales. Ningún ojo se apiadó de ti para hacer
por ti alguna de estas cosas, para compadecerse
de ti; sino que fuiste echada al campo abierto,
porque fuiste aborrecida el día en que naciste.
'Yo pasé junto a ti y te vi revolcándote en tu
sangre. Mientras estabas en tu sangre, te dije:
"¡Vive!". Sí, te dije, mientras estabas en tu
sangre: "¡Vive!". Te hice tan numerosa como la
hierba del campo. Y creciste, te hiciste grande y
llegaste a la plenitud de tu hermosura. Se
formaron tus pechos y creció tu pelo, pero
estabas desnuda y descubierta. Entonces pasé
junto a ti y te vi, y tu tiempo era tiempo de
amores; extendí Mi manto sobre ti y cubrí tu
desnudez. Te hice juramento y entré en pacto
contigo, y fuiste Mía', declara el Señor Dios. 'Te
lavé con agua, te limpié la sangre y te ungí con
aceite. Te vestí con tela bordada y puse en tus
pies sandalias de piel de marsopa; te envolví con
lino fino y te cubrí con seda. Te engalané con
adornos, puse brazaletes en tus manos y un
collar a tu cuello. Puse un anillo en tu nariz,*

*pendientes en tus orejas y una hermosa corona en tu cabeza. Estabas adornada con oro y plata, y tu vestido era de lino fino, seda y tela bordada. Comías flor de harina, miel y aceite; eras hermosa en extremo y llegaste a la realeza. Entonces tu fama se divulgó entre las naciones por tu hermosura, que era perfecta, gracias al esplendor que Yo puse en ti", declara el Señor Dios... Tomaste también tus bellas joyas de oro y de plata que Yo te había dado, y te hiciste imágenes de hombres para prostituirte con ellas.*

*Ez.16:1-14,17*

*"¡Mujer adúltera, que en lugar de su marido recibe a extraños!... Te juzgaré como son juzgadas las adúlteras y las que derraman sangre, y traeré sobre ti sangre de furor y de celos.*

*Ez. 16:32, 38*

*"Porque el Señor tu Dios es fuego consumidor, un Dios celoso. – Dt. 4:24*

*"Vienen días»*, declara el Señor, «en que haré con la casa de Israel y con la casa de Judá un nuevo pacto, no como el pacto que hice con sus*

*padres el día que los tomé de la mano para sacarlos de la tierra de Egipto, Mi pacto que ellos rompieron, aunque fui un esposo para ellos», declara el Señor.* **«Porque este es el pacto que haré con la casa de Israel después de aquellos días», declara el Señor. «Pondré Mi ley dentro de ellos, y sobre sus corazones la escribiré. Entonces Yo seré su Dios y ellos serán Mi pueblo. No tendrán que enseñar más cada uno a su prójimo y cada cual a su hermano, diciéndole: "Conoce al Señor", porque todos me conocerán, desde el más pequeño de ellos hasta el más grande», declara el Señor, «pues perdonaré su maldad, y no recordaré más su pecado».**

*Jer. 31:31-24*

*"Porque tu esposo es tu Hacedor, el Señor de los ejércitos es Su nombre; y tu Redentor es el Santo de Israel, que se llama Dios de toda la tierra. Porque como a mujer abandonada y afligida de espíritu, te ha llamado el Señor, y como a esposa de la juventud que es repudiada», dice tu Dios. «Por un breve momento te abandoné, pero con gran compasión te recogeré. En un acceso de ira escondí Mi rostro de ti por un momento, pero con misericordia eterna tendré compasión de ti», dice el Señor tu Redentor.*

*Is. 54:5-8*

*"Sucederá en aquel día», declara el Señor, «Que me llamarás **Ishí** (Esposo mío) Y no me llamarás más **Baalí** (Señor mío) ...Te desposaré conmigo para siempre; Sí, te desposaré conmigo en justicia y en derecho en misericordia y en compasión; te desposaré conmigo en fidelidad y tú conocerás al Señor.*

**Os 2:16, 19-20**

¡No piense que Dios toma un voto matrimonial a la ligera! Nunca olvidaré uno de mis maestros bíblicos hablando del Día del Señor al final de esta era, cuando Jesús venga a la tierra como un Esposo, Rey y Juez para quitar todo y a cualquiera que halla robado el amor de su Esposa. En una voz tronante y apasionada, Él dijo, "¡Créeme cuando digo, no hay ira más grande que la de un Esposo despreciado!" ¡Dios hará lo que sea por tenerlos de vuelta!

¿Sería diferente para nosotros? Estamos comprometidos con el Creador del universo, Rey de reyes. Cada vez que tomamos la comunión debemos recordar la 3ra Copa que Jesús tomó con sus discípulos la noche antes de morir. ¡Debemos exhortar y fortalecer nuestros corazones con la realidad nupcial de que somos un pueblo prometido! ¡Jesús pagó el precio por nosotros con su sangre y dejó el regalo nupcial de su

234

Espíritu Santo habitando en nosotros! Habla en serio de este voto que le costó todo… ¡Él no perderá a su prometida! ¡Está construyendo una recámara matrimonial y cuando el Padre la considere lista, regresará por nosotros! Por eso, cuando tomemos la comunión, alegrémonos mientras recordamos esta verdad tan emocionante. Más que pecadores humillados esperando ser dignos de beber la Copa, somos una esposa redimida siendo limpiada de sus manchas y proclamando el Día que viene en el cual el *shofar* sonará y se escuchará la proclamación, "¡Miren, llegó el Esposo!"

## La Cuenta del Omer

Cuando seguimos la jornada de los hijos de Israel desde Éxodo 12-19, puede ver el patrón de las Festividades de Primavera que implementaron perfectamente. Luego, fueron escritas por Moisés en Levíticos 23 después de que Dios le reveló el patrón en el Monte Sinaí. Debían ser llevadas en práctica, ejecutadas, y proclamadas, para que cuando el Mesías viniera a cumplirlas no pasemos desapercibidos el momento de su visitación. Ya hemos establecido que los hijos de Israel atravesaron el Mar Rojo y llegaron a tierra seca la mañana del *moed* en Levítico 23:9-14, llamada las Primicias de la Cosecha de Cebada. Levítico 23:15-16, 50 días después, es la Festividad de las Semanas o el *Shavuot* (definido como: semanas).

*"Contarán desde el día que sigue al día de reposo, desde el día en que trajeron la gavilla de la ofrenda mecida; contarán 7 semanas completas. Contarán 50 hasta el día siguiente al 7 día de reposo; entonces presentarán una ofrenda de espiga tierna al Señor.*

**Lev. 23:15-16**

En el judaísmo, el tiempo entre estas dos festividades se conoce como el *omer*. Un *omer* es una medida de cebada, y cada día un *omer* se medía y se contaba, "Día número 1 de la cuenta del *omer*" hasta llegar al día quincuagésimo (50), el *Shavuot*. En el día 50, la cosecha de cebada se completaba y la Cosecha de Trigo se ofrecía al Señor.

Este año (2014) después de la Pascua, nuestro mejor amigo, Daniel Schuman Kemp, me dijo algo que me mostró que la cuenta del *omer* es un tiempo especial. Él dijo algo parecido a, "Al final de cada *Seder* de Pascua, después de que sus corazones están ardiendo por causa de la realidad nupcial que acaban de experimentar por la 3ra Copa, sería maravilloso presentar una imagen de la Cuenta del *Omer*. ¡Puedes crear una expectativa de que hay más! Es importante ser como niños contando los días antes de sus cumpleaños... ¡En 50 días, está por llegar la próxima cita con Él, y se trata de un matrimonio! ¡No sería eso maravilloso!"

¡Por supuesto que estaba de acuerdo, pero nunca había pensado en ello! Treinta y ocho años celebrando la Pascua y siempre culminábamos la tarde con alimentos, alegría y gratitud por su presencia tocando corazones, pero nunca presenté la visión de lo que vendría después. Y lo comprendí. No puedes darle a otros lo que no has experimentado por ti mismo. No había conectado mi corazón a la Cuenta del *Omer*. No obstante, es interesante notar que ocurría durante la misma temporada, después de la resurrección, donde Él pasó tiempo personal con Sus seguidores por 40 días. Durante los últimos diez días de la Cuenta del *Omer*, sus discípulos esperaron con anticipación en Jerusalén por la "promesa del Padre." En estos momentos le pido, y le busco para que me permita encontrarlo en ello, y en la próxima Pascua trataré de hacer exactamente lo que sugirió Daniel.

*El Libro de Rut*

Es tradición que leamos el libro de Rut en el *Shavuot*. En **Ruth 1:22** dice, *"...llegaron* (Rut y Noemí) *a Belén en el tiempo de la Cosecha del Trigo."* El oro en esta oración es enorme. En un "tiempo establecido," en el tiempo del *moed*, cuando Israel se encontraba en hambruna espiritual y física, Dios envía a Rut, una mujer gentil para traerles esperanza.

Reuven Doran, un creyente nativo de Israel, enseñó un mensaje acerca de la imagen profética encontrada en el libro de Rut que jamás olvidaré. Dijo que, en un tiempo de gran oscuridad en Israel, cuando Noemí (representando Israel) se encontraba sin esperanzas en sus años de viudez, anciana, agotada, sin hijos y estéril, Dios le envió provisión. Llegó en una manera inesperada. Su nuera gentil de Moab, viuda también, amaba a Noemí y la siguió hasta Belén de Judá. Sabemos la historia de cómo Rut fue a recoger espigas a la tierra de un hombre judío, Booz, quien la vio, la desposó y se volvió el redentor del linaje de Noemí. El hijo de Booz y Rut fue el abuelo del Rey David de cuyo linaje proviene el futuro Mesías. Reuven vio esto como una imagen de Dios enviando a una esposa gentil unida a un hombre judío y a la nación judía, siendo el vientre para dar a luz a un hijo (1ra venida del Mesías) que Noemí (Israel) no pudo dar a luz por sí misma. De la misma manera, Reuven dijo, se necesita del "vientre de intercesión" de un gentil para ponerse en acuerdo con Israel en el futuro para llevar a la luz la 2da venida del Mesías.

El libro de Rut es una imagen muy poderosa de la realidad multifacética. Israel hizo votos nupciales con Dios en el Monte Sinaí y en medio de su tiempo de infidelidad, Dios formó misericordiosamente una sierva gentil de la tierra de Moab para traer esperanza y redención a Su pueblo. El libro de Rut es una imagen gloriosa de lo que Él siempre tuvo en mente; una prometida formada de judíos y gentiles, un hombre nuevo. Gary Weins dice en su libro, *Bridal Intercession* (Intercesión Nupcial),

**"Esta historia, históricamente clara, se presenta como una ilustración profética del corazón de Dios por su pueblo. La historia es poderosa porque se centra en cómo Dios acepta a los gentiles en sus planes para encontrar a su Esposa. Es una de las primeras escrituras demostrando que se establece una relación con Dios en la arena de la fe, y no dentro de los confines de la herencia étnica." (pág. 29)**

Como nota final para este pensamiento, es importante no usar la ilustración en Rut como una manera para justificar la posición engañosa que ha enfermado a la iglesia por 1,800 años. Rut no es una imagen de una prometida gentil reemplazando la primera prometida de Dios, Israel. Es lo contrario. Es una demostración de los creyentes gentiles que son injertados a un ya existente árbol de olivo. Mediante su matrimonio con Booz, Rut se unió a una familia, cultura y nación judía y a su Dios judío. Es lo mismo para nosotros quienes pudimos conocer al Redentor de Linajes, Jesús.

El libro de Rut tiene un significado muy personal para mí. Fue mediante mi matrimonio con John por lo cual vine a "recoger espigas" de riquezas en la tierra de un judío, mediante el cuidado y amor hacia mi suegra por 31 años (mi Noemí), por lo que aprendí su cultura y perspectiva de la vida, en donde me tropecé con la "Senda de Rut" hallando el rico patrón de las festividades que Dios ha estado emocionado por revelar a quienes lo aman. Para culminar, compartiré mi diario del *Shavuot*, del 2012.

# *Reflexionando el Shavuot,* 2012

## *Notas del Diario de Christie*

*"Pensé en esos 50 días entre las cosechas de cebada y trigo. La Cuenta del Omer... Cuenta regresiva hasta algo...*

*algo está aumentando en un crescendo… Algo está a punto de desenvolverse… Expectativas en un Monte en Éxodo 19… Jesús les dice que esperen con expectativas de que algo ocurrirá… Esperar en Jerusalén. Sabemos lo que ocurre en el libro de Hechos… La espera en Pentecostés o Shavuot había llegado… Dios derramó Su Espíritu Santo… Así como cuando Él llevó a la nación de Israel al Monte Sinaí para formar un voto matrimonial… ¿Pero que ocurrió durante la Cuenta del Omer? ¿Qué hacía Dios en el desierto con Su pueblo, para preparar a un grupo de esclavos acabados de libertar, y encontrarse en un Monte? Él estaba presente con ellos cada minuto. Nunca se apartó de ellos por un segundo. No fue un tiempo de silencio. Similarmente, ¿qué hacía Jesús desde el tiempo de Su resurrección hasta el Shavuot? Se les apareció a muchos por 40 días… Los discípulos, Él sirvió la cena, cocinó pescado en la orilla… el camino a Emaús, ¡y Juan dice en su evangelio que Jesús hizo tantas cosas que todos los libros del mundo no podrían contener el historial de las cosas que Él hizo! ¿Pero por qué desapareció en las nubes en el día cuadragésimo (día 40)? ¿Qué es el patrón de los 10 días entre el tiempo en el cual Él ascendió en las nubes y el Shavuot? Interesante.*

*¿Qué mensaje Jesús envió a sus seguidores apareciendo esos 40 días? Fue como si estuviera diciendo, "Estoy vivo…Estoy presente contigo personalmente, y me interesan las cosas pequeñas de tu corazón… Gracias por seguirme, aun cuando todo en lo natural trató de vencer tu fe… Recuerdo la dulzura de tu juventud, el amor de tu desposorio, cuando fuiste tras de Mí en el desierto… Abandonaste todo… entregaste todo… confiaste en Mí cuando jamás me habías visto…*

*Gracias. No serás desilusionado. Sé que no puedes padecer por ti solo… Sé que te desalientas… Sé que a veces parece que la fe "es pospuesta" en algunos momentos; pero espera, continúa confiando, continúa caminando por este desierto estéril donde todo tu alrededor quiere que digas que no tiene sentido creer… que desperdicias tu vida… Estoy aquí… Estoy presente… no serás desilusionado… Gracias por tu bondad al seguirme."*

*¿Cuál es la postura de tu corazón actualmente mientras esperamos por esta cita? Recuerda, Dios libertó a un grupo de esclavos con poderosas señales y prodigios de una tierra malvada y mató a quien los mantuvo cautivos. El Señor fue más que un libertador benevolente que sintió lástima por su pueblo… Estaba ejecutando un plan que el Padre, Él y el Espíritu Santo estaban poniendo en marcha antes de que el mundo fuera creado. Él estaba en búsqueda de una compañera, una Esposa, a quien llevaría a un lugar. El próximo moed fue bajo un chuppa en un Monte cuando Dios hizo su "proposición" a la nación de Israel y ella dijo, "Sí." Su identidad cambió de esclavos a sacerdotes, a reyes y luego a la Esposa en un Monte. ¿Por qué? ¡Porque Él les estaba recordando por qué regresará en el futuro! Para restaurar la relación cara a cara que tuvo en el Jardín.*

*El libro de Rut es una imagen de la futura prometida gentil siendo injertada (Ro. 11); una mujer de cultura pagana, una pobre mendiga tras la muerte de su esposo, y se vuelve la madre redentora de Israel que llevó a la luz al Mesías. De la cebada al trigo… de pobre a rica… de abandonada y estéril a casada, escogida y fructífera… ¡Es una historia maravillosa, y es nuestra!*

*Jesús fue cosechado como el Varón de Dolores en la tierra durante la Fiesta del Pan sin Levadura, y tres días después resucitó en el tiempo de las Primicias de la Cosecha de Cebada* (el fruto más pobre), *49 días después (después de la Cuenta del Omer) se prepara la Cosecha del Trigo* (el fruto más rico). *¡Esta es la Festividad de las Semanas o Shavuot, la cual Él cumplió derramando de su Espíritu Santo! ¡Del matzah sin levadura en la Pascua a la abundante hogaza de pan en Shavuot… que grandiosa imagen!*

*Jesús se comprometió con nosotros en el aposento alto. ¡Pagó el precio de la Prometida con su sangre, y dejó el regalo para la Esposa en Pentecostés, Su Espíritu Santo en nosotros! Tenemos una identidad nupcial legal. El desenvolvimiento del gozo fue el vino nupcial… Una expresión de cómo debemos vivir y sostener nuestro corazón actualmente. María de Betania, un corazón relacional. Fue la virgen sabia… Marta fue la virgen insensata que vivía afanada con problemas, teología y quehaceres… en vez de sentarse a Sus pies devocionalmente. No es un contraste entre lo justo y lo perverso, sino entre lo sabio y lo insensato. Enamorarse automáticamente nos hace sabios, porque nos enfermamos de amor."*

- Fin de las notas del diario

# Conclusión

En *Shavuot*, 2,000 años atrás, Jesús derramó a su Espíritu Santo como el regalo para su Prometida para que ella tuviera un depósito de sí mismo hasta que regrese por ella. En estos momentos, Él está intercediendo por nosotros y construyendo esa recámara nupcial a la que nos llevará cuando el Padre la considere lista. Jesús cumplió perfectamente el patrón de las antiguas festividades que Moisés practicó en el libro de Éxodo y que luego escribió en Levítico 23; las mismas festividades que el pueblo judío ha estado practicando y observando por 3,500 años. Nunca olvidaré el día que esta revelación tocó mi corazón. Hasta puedo recordar dónde me encontraba sentada cuando le dije, "¡Si cumpliste ese patrón de primavera tan perfectamente, significa que regresarás por 2da vez de acuerdo al patrón de las Festividades de Otoño!"

¡Escondido, en Levítico 23, una porción de la escritura brevemente leída y a menudo considerada como algo judío y legalista, es el plan de Su 1ra y 2da venida! En 38 años, solo tengo una pequeña perspectiva que lo que conozco es un rico tesoro esperando a ser descubierto. En los últimos 6 años, he tenido más que consciencia de la 2da venida de Jesús y la revelación de las Festividades de Otoño viene a mí más rápido de lo que puedo procesar. Ciertamente, no seré tan atrevida como para decir que lo tengo todo descifrado.

Las Festividades de Otoño son proféticas, aguas inexploradas que solo pueden ser navegadas con la humildad y asombro de un corazón de niño que busca conocerlo y encontrarlo. ¡Cualquier conclusión que tengamos será diminuta en comparación con la anécdota que Dios ha escrito y que pronto comenzará a desenvolver! El gran final de esta era de historia será dramático, una trama épica de la cual hablaremos por la eternidad. Como ha sido escrito, *"Cosas que ojo no vio, ni oído oyó, ni han entrado al corazón del hombre, son las cosas que Dios ha preparado para los que lo aman." (1 Co. 2:9)*

Por tanto, es con maravilla y reverencia, junto con la anticipación de niño que compartiré la jornada que tuve estos años caminando con Jesús en las festividades de las lluvias de otoño. Quiero que se mantenga conmigo en la "Senda de Rut" para presentarles más cosas para levantar sus expectativas. En los ritos y ceremonias entregadas a Moisés, mantenidas vivas por judíos todos estos años podemos encontrar: una boda del Mesías, una coronación del Rey de reyes, una última trompeta, la comprensión del

Libro de la Vida, un tiempo llamado la Angustia de Jacob, un Día de Juicio, y mucho más. ¡En general, un Esposo, Rey y Juez!

*Conozcamos, pues, esforcémonos por conocer al Señor. Su salida es tan cierta como la aurora, y Él vendrá a nosotros como la lluvia, como la lluvia de primavera que riega la tierra».*

*Os. 6:3*

*"Esposo de amor, despierta mi corazón, déjame sentir la pasión de lo que arde en Tu interior. Esposa de Su elección, ¿cómo puede ser? El misterio de los siglos, ¿cómo es posible que me hayas elegido?"*

*- Daniel Brymer*

# ~ Capítulo 7 ~

## El Shabat: El Destino Final

*"En cada Shabat los judíos promulgan la venida de la restauración mesiánica. Por un día, sonidos de gozo, alegría, la voz del Esposo y la Esposa, resuenan en las calles de un Sión restaurado. Por 24 horas, la Jerusalén celestial existe sobre la tierra...en Francia, y Polonia, en Yemen y Bombay. Sin lugar a duda, cuando la senda a la Jerusalén terrenal se abrió, hubo judíos que supieron qué hacer y a dónde ir exactamente."*

*- Rabí Greenberg*

Dejé el tema del *Shabat* para el último capítulo a propósito. Así como los otros momentos establecidos, tuve mucha historia personal con Dios, buscando Su corazón de comprensión y revelación concerniente a este día misterioso que en Génesis 2:3, Dios bendice y separa para santidad. Él intencionalmente hace la distinción de un día separado de los demás. ¿Qué está diciendo? ¿Qué enfatiza este día en la cuenta de la creación? Antes de la caída del hombre, antes de que el pecado entrara para ensuciar y destruir, Él proclama un Día. ¿Por qué?

Como has leído a través de Levítico 23 conmigo

donde todas Sus festividades son mencionadas, ¿viste lo que me tomó 20 años para ver? ¿Te preguntaste por qué el primer *moed* en la lista fue el *Shabat*? Antes del patrón de primavera y otoño de Su primera y segunda venida, Él injerta este día enfatizado, al principio de la lista, declarando la importancia. Es proclamado como algo para practicar porque Él lo llama una "santa convocación," (ensayo) como los demás en Levítico 23. ¡Debe ser practicada más a menudo que las demás… no una vez al año, sino una vez a la semana! Debe ser muy importante. Pero no es parte del patrón de las otras festividades. No es uno de los pasos del plan de rescate del Mesías para redimir a Su Esposa. ¿Entonces qué es?

# Mi Jornada al Shabat

A menudo, íbamos a la casa de los padres de John en *Shabat* (o *Shabbos* como es pronunciado por la mayoría de los judíos europeos). Usualmente, para cuando llegábamos a su casa, las velas de *Shabat* estaban encendidas en la mesa del comedor, el *challah* (enorme masa de pan hecha especialmente para el *Shabat*) estaba en la mesa cubierto, y la copa del vino del *Shabat* estaba lista para beberse. No había atención especial hacia estos artículos en la tarde, además de todos comiendo un pedazo de *challah,* beber del vino y decir, "Buen *Shabbos*." Sin embargo, por una extraña razón, cuando yo entraba a su casa en las noches de los viernes para ver su mesa preparada para una cena especial y veía las velas encendidas, sentía la presencia del Señor llamándome para que vaya y le encuentre.

Estaba curiosa, pero no lo busqué en el *Shabat* en ese momento. Estaba enfocada en los tiempos establecidos de las festividades y el *Shabat* parecía estar por sí solo, sin conexión. Ya que no lo buscaba ahí, Él decidió acercársenos sigilosamente y nos dio una prueba de su día santo que John y yo saboreamos aún. **Pr. 22:6** dice, *"Instruye al niño en el camino que debe andar, y aun cuando sea viejo no se apartará de él."* Un comentario hebreo para la palabra "instruye" dijo que significa permitirle a un niño probar algo tan bueno que jamás lo pueda olvidar. Es la razón por la que ponen miel en la lengua de un infante judío cuando comienza a estudiar la palabra de Dios. Es un recordatorio de que Su Palabra es dulce. Esto es lo que Dios hizo para permitirnos probar por primera vez el *Shabat*. Él quería que supiéramos que este día tiene importancia y un encuentro para que no pasemos por alto su importancia.

Por alguna razón, muchas veces Dios nos da a John y a mí la experiencia de algo antes de comprenderlo. Me enamoré de la persona de Jesús y decidí seguirlo antes de entender que necesitaba ser salva. Comprendí la doctrina de la salvación después. Cuando John y yo fuimos bautizados por el Espíritu Santo, no sabíamos que había tal experiencia. Asistíamos a grupos pequeños en la Iglesia La Viña, en Denver y dijimos que no sobreviviríamos si no había algo más acerca de la fe cristiana, más de lo que teníamos en aquel tiempo. Parecían comprender lo que necesitábamos y oraron por nosotros para que fuéramos bautizados por el Espíritu Santo. Esa noche regresamos a casa absolutamente diferentes, pero no comprendimos doctrinalmente lo que nos ocurrió hasta más tarde.

La liberación en el bautismo de agua era lo mismo para mí. Cuando John y yo éramos nuevos convertidos, nos bautizamos en agua porque se nos dijo que era importante para identificarnos con la muerte, sepultura y la resurrección de Jesús. Cinco años después fui atormentada con sueños de mi pasado como inconversa, repetidamente. Oré desesperadamente para que me libertara, y Él dijo, "Sepúltalo en el bautismo." Había un bautismo para nuevas criaturas que se llevaría a cabo el próximo domingo y Él me dijo que participara. Argumenté que ya había sido bautizada y que era innecesario, pero estaba tan desesperada por ser libre del tormento nocturno estorbando mi sueño, que me humillé y fui a la fila del bautismo el próximo domingo. ¡Salí de esas aguas completamente libre de sueños y del tormento! ¿Qué ocurrió conmigo? No encajaba con la doctrina de mi iglesia. Pasaron 10 años antes de comprender, al Señor mostrarme acerca del poder de la liberación en la 3ra Copa de la Redención durante la Pascua que desarma principados y poderes. Mi experiencia con el *Shabat* fue lo mismo.

# Cómo nos topamos con el Shabat "accidentalmente"

En 1984, vivíamos en Loveland, Colorado y John y yo teníamos el deseo de abrir nuestra casa los viernes en la noche para los que quisieran participar. Él sentía que debíamos alabar juntos, tomar la comunión y orar. Un grupo pequeño de personas venían regularmente de diferentes iglesias alrededor de nuestra ciudad, y otros de pueblos más lejanos. Nuestro amigo Tim Ruthven, venía cuando no estaba de viaje enseñando en algún lugar. Un viernes en la noche particular, mientras John oraba por el pan y el vino, algo inusual comenzó a ocurrir. Todos comenzamos a sentir la presencia del Señor, y John comenzó a sentir cómo el Señor anhelaba que fuéramos parte de lo que estaba haciendo. John dijo, "Siento que el Señor quiere que tomemos la comunión por nosotros mismos, y luego una segunda vez por alguien en el mundo que está siendo perseguido por su fe." Uno por uno, las personas en el grupo comenzaron a ver rostros de personas por las que debían orar. Vi la imagen de un hombre y su esposa en un país asiático llorando, por tanto, tomé un pedazo de pan y bebí un poco de vino, oré para que Dios les llene con fe y esperanza. John vio a un hombre al Este de Europa en una celda, tomó el vino, el pan, y oró para que la fortaleza del Espíritu Santo lo llenara. El rostro del hombre que John vio fue tan real que, hasta el día de hoy, 25 años después, mi esposo aún toma la comunión dos veces; una para sí mismo y otra por el cristiano que vio en esa prisión.

El próximo viernes fue igual. John levantó el pan y el vino para orar y esperamos por algunos minutos, preguntándole al Espíritu Santo lo que anhelaba hacer. La presencia del Señor vino otra vez, esta vez John vio a Jesús en la mesa diciendo que tenía vida abundante para nosotros y que comiéramos más de Él. Pasamos el pan, y John sintió que dijo, *"Más, coman más de Mí."* Por tanto, continuamos pasando esta enorme hogaza de pan por la mesa, comiendo de él, y mientras comíamos, olas de Su presencia venían. Comimos toda la hogaza del pan y sentimos que Él anhelaba que supiéramos que Él era mucho más que un trocito de pan; Él quería que viviéramos con una expectativa abundante de Quién era Él y lo que podía hacer.

Cada semana era algo nuevo, diferente y mientras esperábamos en Él, Su presencia venía. Un viernes en la tarde, fui a la tienda para comprar pan y luego fui por el vino de la comunión a la tienda de licores. La atmósfera en la tienda de licores era, "¡Gracias-a-Dios-es-viernes, ¡y ahora podemos irnos de fiesta!" ¡Me sonreí pensando lo cómico que fue para mí estar en la fila, pero que estábamos felices por una fiesta totalmente diferente! De camino a mi vehículo, sentí al Señor decir, *"Gracias por honrar este santo tiempo especial. En esta ciudad hay muy pocos que participan de este día conmigo."*

Me senté asombrada en mi vehículo por un momento. ¿Qué tiempo santo...de que día especial estábamos participando? Luego, recordé las velas, el pan, el vino y la mesa de los padres de John siempre ahí para honrar el *Shabat* la noche del viernes. De repente pude comprenderlo. Involuntariamente, entrabamos en el *Shabat* cada viernes en la noche. No teníamos ni idea, pero de repente pude comprender por qué Él venía con Su presencia cada semana. Él anhelaba que le buscáramos en el misterio de la cita del *moed,* y nos "fascinó" (Os. 2:14) para que lo siguiéramos porque amábamos tanto cuando Él se mostraba y cuando estaba con nosotros. Entonces un viernes pareció como si hubiera cesado de venir.

Encendimos nuestras velas, lo invitamos a acompañarnos, pasamos el pan y el vino, pero no sentimos nada. Continuamos por un largo tiempo en fe, sabiendo que no debemos dejarnos llevar por las emociones, pero estábamos frustrados y sin Él "liderando" el *Shabat* se sentía como algo sin vida y religioso. Así que renunciamos a ello. Después de eso, pusimos al *Shabat* en una repisa, sabiendo que contenía mucha verdadera sustancia, pero nos faltaba entendimiento del significado detrás de él. Todavía encendíamos nuestras velas y teníamos el *challah* con el vino preparado para tomar la comunión, pero no queríamos hacer algo artificialmente. Todo lo que sabíamos es que era una imagen importante de algo cercano al corazón de Dios, y por varios años, lo dejamos así.

Por años, personas nos pedían que "celebrásemos el *Shabat*" con ellos porque sabían que celebrábamos festividades judías. Me agrada celebrarlo como una tarde especial con amistades y familia para reunirnos. Siempre es bueno cenar juntos y estar en comunión en la palabra y tomar la comunión juntos, pero a menudo sentía que pedían por una experiencia garantizada con el Señor en ello. Sé que tuvimos una visitación soberana con Él en el pasado, pero no podemos hacer que ocurra de nuevo porque nosotros no lo "hicimos." Él tuvo gracia por un tiempo para bendecirnos con Su presencia. Sin embargo, es Su cita semanal, y es algo en lo que nos agrada honrarlo porque sabemos que es especial, y creemos que Él es bendecido por aquellos que reconocen este día y participan de la poderosa imagen profética que proclama. ¿Qué es la imagen profética? Después de pedirle por 39 años para que me diera conocimiento de la revelación de este día y que abriera el cerrojo de los misterios que guarda el *Shabat*, pienso que comienzo a ver algo maravilloso, pero todavía es un vislumbre.

# El Shabat es un Lugar

En el 2010, sentada en el Cuarto de Oración Internacional en Kansas City, me encontraba disfrutando de la sesión de alabanza cuando Dios puso una palabra en mi corazón. Él dijo, *"El Shabat es un lugar."* Sin comprender lo que decía, lo anoté, sabiendo que era una revelación importante que he escudriñado en mi corazón desde entonces. Por años, he leído cosas acerca del *Shabat* desde escritos hechos por hombres y mujeres judíos que parecieron asirse de algo casi místico acerca de este día.

*Rabí* Irving Greenberg en su libro, <u>The Jewish Way</u>, me ayudó a obtener un repaso del valor central de la redención entretejida mediante las festividades. Sus notas acerca del *Shabat* me ha ayudado a ver un vislumbre de una revelación que finalmente se está desenvolviendo. Hay un dicho que he leído en varios libros hebreos que dice, "el *Shabat* guardó a los judíos más de lo que los judíos guardaron el *Shabat*." Los mantuvo caminando por 6,000 años de una historia que ha sido acribillada por opresores, servidumbre y casi aniquilación. Es un absoluto milagro que aún son un pueblo distinto. ¿Qué los mantuvo unidos, dio fuerzas, el poder para seguir ser adelante, sin asimilar y sin renunciar? La respuesta es el *Shabat*. Hay un acertijo para esa respuesta que atrapó mi atención unos años atrás que se encuentra en **Is. 58:13,**

**"Si por causa del día de reposo apartas tu pie**

*para no hacer lo que te plazca en Mi día santo, y llamas al día de reposo delicia, al día santo del Señor, honorable, y lo honras, no siguiendo tus caminos ni buscando tu placer, ni hablando de tus propios asuntos."*

En vez de la imagen que muchos cristianos tienen de una carga legalista-religiosa para guardar el *Shabat* y las festividades (lo cual puede ocurrir si se celebra bajo un espíritu incorrecto), este versículo dice lo opuesto. El Señor dice que podemos tener gozo y deleite cuando nos deleitamos en sus citas. ¡Esto capturó mi atención, especialmente porque puedo testificar en el hecho de que la única razón por la cual he continuado celebrando el patrón de las festividades estos 39 años es porque me plujo y me deleité en Él como lo hice! Sin Su presencia, la revelación de Jesús, la comunión con el Espíritu Santo, y sentir el deleite del Padre, hubiera renunciado años atrás.

## El Misterio del Shabat

¿Qué hay en el *Shabat* que guardó a los judíos? La respuesta es muy simple. Él lo hizo deleitable; lo volvió vida para los que celebraban con Él y sin considerarlo como un deber, sino que lo vieron como un regalo que Su Esposo le dio a un grupo de esclavos redimidos que trabajaron 7 días a la semana por 430 años. Veamos si podemos comenzar a desenvolver los contenidos de este regalo especial llamado *Shabat.*

*Rabí* Greenberg dice, **"El *Shabat* es el anticipo de la redención mesiánica." (*The Jewish Way*, pág. 129).** Continúa diciendo,

> **"El poder del ritmo de la redención es que permite la plena participación en el mundo tal como es, mientras cumple constantemente los sueños de la perfección. Este anticipo regular de la realización se volvió la protección en contra de la amargura de la gratificación pospuesta indefinidamente. Cada 7 días, el pueblo de Israel "contraían matrimonio" con el Amado Divino y la Amada reina, el *Shabat.* El viernes en la noche, los judíos cantan un poema especial de *Shabat, Lecha Dodi*: 'Vengan mis amados a recibir a la Esposa, el *Shabat*...' Mediante esta expresión de nupcias semanal y consumación con el Señor, el pueblo de Israel fue protegido de ser el amante languidecido, cuya capacidad de dar amor verdadero se marchita en el anhelo guardado permanentemente en el interior.**

Una vez a la semana, celebran la "santa convocación" semanal (una práctica, Lv. 23:2) para guardar el *moed* o "cita" en el calendario de Dios. Es por eso por lo cual el *Shabat* está enumerado en 1er lugar en

Levítico 23, porque es un ensayo del destino (lugar). Las festividades de primavera y otoño a continuación son los pasos que dará el Mesías Jesús a través de su primera y segunda venida para llevarnos a nuestro destino. El *Shabat* es la meta. El *Shabat*, ya Él me ha revelado, es el Jardín del Edén restaurado. El Shabat es un lugar. Viviremos como co-redentores con Él; habitando como participantes en Su plan de redención "haciendo el bien" como Jesús, trayendo vida, sanidades, compleción y luz a nuestra esfera de influencia mientras vivamos. Viviremos en colaboración con Él, como Su Esposa, llevando redención a nuestra generación tan lejos como podamos para pasar la antorcha de este mandato a la próxima generación siguiente hasta aquel Día en el que Él regresará para terminar Su obra y santificar la tierra. Entonces el trono del Padre podrá nuevamente descender a la tierra al Paraíso restaurado, y finalmente Él podrá obtener la recompensa del precio que pagó: un lugar para habitar en intimidad con nosotros.

Cada viernes en la noche, celebramos el plan de Dios de 7,000 años desde Génesis.

> *"Así fueron acabados los cielos y la tierra y todas sus huestes. En el 7mo día ya Dios había completado la obra que había estado haciendo, y reposó en el día séptimo de toda la obra que había hecho. Dios bendijo el 7mo día y lo santificó, porque en él reposó de toda la obra*

*que Él había creado y hecho." Gn. 2:1-3*

El pueblo judío ve en esto el plan de Dios de 7,000 años: 6,000 años y luego el año 7,000 comienza con el *Shabat* eterno, llamado el *Ha Ba Olam*, la "era venidera." ¿Entonces qué es el "ensayo" que debemos mantener vivo cada viernes al atardecer hasta el sábado al atardecer? Encendemos nuestras velas proclamando que Jesús es la luz de este mundo oscuro; tomamos la comunión para recordarnos que Él comenzó una ceremonia de compromiso con nosotros la noche antes de morir, tomó la copa de vino y el pan (el *Afikoman*) después de la cena del *Seder* de Pascua. Él dijo que iba a preparar un lugar para nosotros para que habitemos con Él, lo cual significa que Él vendrá por nosotros; Santificamos tiempo y entramos en un lugar llamado el *Shabat*. Al hacerlo proclamamos ante principados, potestades y todos los cielos que vendrá el Día en que el pecado y las tinieblas ya no serán más, y este mundo será un paraíso otra vez; Proclamamos la suprema era venidera, llamada, "el día de Su boda, el día de la alegría de Su corazón" (Cnt. 3:11). Este día glorioso, lo practicamos, lo proclamamos, lo celebramos con Él semanalmente para que no olvidemos hacia dónde vamos manteniendo la visión viva en nuestros corazones.

# Enfocados en el Destino

En un libro judío, leí una historia de un *Rabí* quien conoció a un equilibrista en una prisión rusa y aprendí una lección de él. El *Rabí* le preguntó, "¿Cuál es el secreto de tu arte? ¿Aprender el balance y concentración?" El equilibrista le respondió con ninguna de las respuestas anteriores. Él dijo que el secreto es mantener tus ojos siempre en el destino. Dijo que la parte más difícil y más peligrosa no se encuentra en el centro, sino cuando te regresas de vuelta. En esa fracción de segundo, dijo que cuando ya no puedes ver tu destino estás más propenso a caer.

Creo que esto es muy cierto para nosotros. Los patrones de las festividades en Su calendario son sus citas en Su Agenda. Él anhela que las guardemos (practicarlas) y proclamarlas con Él (invitar a que vengan personas). Encontrándonos con Él durante el año recordamos que nos salvó del dominio de Satanás en este mundo, que siempre está presente para salvarnos de toda servidumbre en nuestras vidas de lo cual ya Él ha pagado el precio. Cada año recordamos que fuimos arrancados del mundo para algo más que salvación, para libertad de nuestra identidad como esclavos, para gozarnos en nuestra identidad como un pueblo comprometido por quienes Él regresará.

En las Festividades de Primavera, nos gozamos y

261

mantenemos con vida lo que Él ha hecho por nosotros; y en las Festividades de Otoño, vemos un patrón glorioso de un Juez, Rey Conquistador y Sumo Sacerdote que proviene de una habitación nupcial para raer el pecado de la tierra. Proclamar el *Shabat* semanalmente, entrando en un día como si ya hubiese llegado, mantiene el destino siempre en nuestra mira. Recordamos quiénes somos y lo que hacemos. Sin embargo, Dios sabe que debe tener "sustancia" para experimentarlo a Él y mantenernos motivados a seguir adelante.

Proclamar las verdades no es suficiente. Cuando guardamos sus compromisos con un corazón como de niño, esperando Su visita. Tal vez no siempre "sintamos" Su presencia, pero podemos estar seguros de que Él está en medio nuestro y está deleitado.

Rebbetzin Esther Jungreis comenta esto acerca del *Shabat* en su libro, *The Commited Life* (La Vida Comprometida)

> **"...el *Shabat* es un regalo especial escondido en el almacén de Dios. Si aceptamos el *Shabat*, si permitimos que tome control de nuestras vidas, Dios nos levantará, nos invitará en las alturas, nos invitará a sus recámaras privadas, y así cada *Shabat* que es verdaderamente observado es "probar del mundo que está por venir."**

Si ves la película *Fiddler on the Roof* (Violinista en el Techo), hay una escena donde ves cómo su familia tiene una transición de vida pobre, y rutinaria a repentinamente entrar en una preparación para el *Shabat* al atardecer. Tratan el momento que se acerca como un invitado especial para quien se preparan a recibir. Se visten con sus mejores atuendos y la mesa es hermosamente preparada con alimentos especiales. Se sientan alrededor de la mesa, encienden las velas del *Shabat* y la atmósfera se transforma con un brillo celestial. Su hogar ya no es la recámara humilde de Tevia el lechero, sino Tevia el rey. Cantan e invitan la presencia de Dios y le piden que bendiga su morada. Abandonan un mundo atrás y dan un paso hacia una realidad alterna.

Porque es una imagen de la redención mesiánica venidera en la que todas las cosas serán perfectas y el paraíso estará nuevamente habitando bajo el reinado de Dios en la tierra, la meta es crear una atmósfera de paz absoluta donde los problemas y el estrés ya no existan. Solo hay una comunidad habitando íntimamente juntos en gozo y actividades que son deleitables. No se permite quejarse ni palabras malas ni malas actitudes. Se enfocan a obedecer a **Is. 58:13** lo cual nos manda a ***"llama al día de reposo delicia*** (*oneg*)***, al día santo del Señor, honorable ."***

Rabí Greenberg dice,

**"El *Shabat* se honra con anticipación,**

preparación, atuendos especiales, limpiando, lavando y participando personalmente en la creación de la atmósfera. El deleite del *Shabat* se experimenta mediante los buenos alimentos y bebidas, cenas adecuadas, con humor gozoso, un canto y danza comunitaria, paz (no se pelea durante el *Shabat*), intimidad y relaciones sexuales. Toda cosa importante debe ser echado a un lado. Aprendiendo cuando el cielo y las experiencias litúrgicas proveen una dimensión espiritual para "honrar" y "deleitar." Participar en esta práctica semanal de la era venidera, cuando el cielo descienda a la tierra, y el Rey del universo tome su respectivo trono, mantiene nuestro destino (el objetivo) vivo constantemente y nos recuerda de qué se tratan nuestras vidas y hacia dónde nos dirigimos."

*The Jewish Way*, pág. 164

*"Donde no hay visión, el pueblo se desenfrena, pero bienaventurado es el que guarda la ley."*

*Pr. 29:18*

Lo que comenzó en el Jardín culminará en el Jardín. Esto explica por qué el judaísmo no menciona el cielo como nuestro destino final. La tierra es su tarea asignada para redimir con el Mesías para que un día el cielo descienda y sea restaurado en el reposo del *Shabat*. La culminación de la historia humana son un pueblo nupcial perfecto habitando junto a Dios en la tierra por siempre. Mientras tanto, queda trabajo por hacer antes de que el trono de Dios descienda a la tierra. Aún quedan *moedim* o "citas" en el calendario bíblico de Jesús para cumplir la señal. El momento que los judíos llaman, "La Angustia de Jacob." En el próximo libro compartiré con ustedes el lenguaje de estas Festividades de Otoño, escritas a través de la Biblia. Cuando revistes las escrituras de los últimos tiempos con estas festividades, te asombrarás con lo que se te revelará. No es como si nuestro vistazo de los capítulos finales de la historia humana se pudiera medir alguna vez con la realidad espectacular de lo que serán, pero realmente ofrece una ojeada emocionante de lo que está por venir.

## *Ritmo de las Festividades*

El ritmo de los "tiempos establecidos" nombrados en Levítico 23 son las riberas que nos mantienen viviendo en comunidad, unos con otros y con Dios, celebrando con Él el milagro de Su amor redentor nupcial. Las festividades y el *Shabat* son puntos de referencias cada año para mantenernos conscientes de dónde hemos estado, dónde estamos en el presente, y para mantenernos enfocados hacia donde vayamos en el futuro. Nos recuerda que hemos sido arrebatados en Su anécdota profética también y no solo en Su gloria. Sus citas semanales y anuales son invitaciones para que celebremos y festejemos con Él para tener encuentros con Su corazón habitando con Él donde está. Nos invita a venir, "probar y ver" por nosotros mismos, y que continuamente le busquemos para obtener otra mirada a la gloriosa revelación de Sí mismo. Él es y siempre será, el Afikoman, y te invito a que lo encuentres en esta jornada.

Incluiré una imagen de lo que llamo mi "gráfica del jardín de niños" en el **Apéndice A**. Me tomó casi 40 años para obtener esta simple imagen, pero creo que lo que no puede ser explicado en un período de 5 años para ser comprendido, no vale la pena conocerlo. Esta gráfica tendrá más sentido después de leer, *Velando y Esperando: Descubriendo a Jesús en las Festividades de Otoño*. Un repaso simple del patrón de las festividades que Moisés llevó a cabo y Jesús también, 1,500 años después. Lo primero que quiero que veas por ahora es que el romance divino comenzó en el jardín culminará en el jardín después de que Jesús y Su Esposa vengan a morar en la tierra. En ese Día glorioso, todo será redimido y perfeccionado una vez más. Este lugar, este Paraíso en la tierra, se llama el *Shabat*.

**Bendito eres Tú, Señor Dios nuestro, el soberano del mundo,**
**quien creó el gozo y la celebración, al Esposo y la Esposa; alegría, jubilo, paz y la amistad. Que pronto sea escuchado, Señor Dios nuestro, en las ciudades de Judea y en las calles de Jerusalén, el sonido de alegría y el sonido de celebración, la voz de un Esposo y la voz de la Esposa, el**

grito alegre de esposos en sus bodas y de muchachos en el canto de sus festividades. Bendito eres Tú, Señor, quien haces al Esposo y a la Esposa regocijarse uno con el otro.

7ma bendición de una boda judía (pág. 290)

-

# ~ Conclusión ~

## ¿Y qué sigue después?

*"Cuando el Señor hizo volver a los cautivos de Sión,*
*éramos como los que sueñan.*
*Entonces nuestra boca se llenó de risa,*
*y nuestra lengua de gritos de alegría;*
*entonces dijeron entre las naciones..."*
*Sal. 126:1-2*

Mi oración es, que después de que leas este libro, estés consciente que el contenido no salió de un estudio de por vida, sino de una búsqueda por encontrar Su corazón. Mi búsqueda está en curso, y con cada festividad, cada *Shabat*, y escritura que leo, le pido al Padre que me revele a Jesús. Si te encuentras en el comienzo de la jornada y tu corazón es avivado, oro para que no te abrumes para que continúes buscándole en el patrón de las festividades en Levítico 23. Me ha tomado casi 40 años cambiar de griego a hebreo, y "labrar" a través de libros sin fin, que el Espíritu Santo puso en mi camino para averiguar.

Le pregunté preguntas sin fin, a veces le tomaba años en responderme, o Él de repente ponía cosas en mi corazón que nunca había pensado en preguntarle. Mi tenacidad fue avivada por el deleite de Su comunión y presencia en la búsqueda, con la cual sin ella no hubiera podido continuar. Así que por favor no te abrumes. Él te ayudará a navegar a través de la cultura extranjera, el pensamiento extranjero y los conceptos judíos e idiomas que se encuentran a través del Antiguo y Nuevo Testamento. Él te dará comprensión para la revelación, caminará contigo y será tu Maestro. Solo mantén tu corazón como de niño y no te enfoques en la teología; enfócate en Su corazón, en Sus emociones y tu teología te seguirá. Bill Johnson de Redding, California tiene una frase, *"Let my ceiling be your floor"* (Permite que mi techo sea tu suelo.). Permite que mi anécdota, mi testimonio de lo que he descubierto hasta ahora, sea tu punto inicial. Te garantizo que, en otros 40 años, lo que he descubierto será visto como algo elemental, en comparación con lo que Él está por desenvolver con Sus creyentes judíos y gentiles en estos días.

Cuando termino de enseñar a varios grupos, siempre recibo las mismas preguntas: "¿Qué libros me recomiendas?" Siempre es una pregunta difícil de responder porque hay tantos libros que no recomendaría. Puede que haya encontrado una oración en algunos de ellos que Dios me enfatizó y me dijo que ignorara el resto. También hay libros que podría recomendarle a creyentes maduros que tienen una relación sólida con Dios en Su Palabra, porque pueden "declarar y masticar" y discernir lo que proviene del corazón de Dios y lo que se alinea con la Escritura;

pero hay un problema. Los escritores de muchos de los libros son hombres y mujeres judíos quienes no han tenido un encuentro con Jesús como su Mesías. Son estudiantes, filósofos y Rabinos quienes algunos tienen una relación cercana con Dios, pero es más fácil ver la vida que ofrece el judaísmo y quita nuestra atención de Jesús como el enfoque central de lo que se trata todo.

He visto creyentes, nuevos y de mucho tiempo, ser atrapados en el amor de Israel y el judaísmo, abandonando su fe en Jesús. Por tanto, no quiero tomar la oportunidad de recomendar un libro que podría ser piedra de tropiezo para alguien. Sin embargo, un libro que ha sido un tesoro absoluto ayudándome a ver el mandato judío de la redención, así como un recurso en la comprensión del corazón y el ritmo de la vida encontrado en las festividades bíblicas, es el libro del *Rabí* Irving Greenberg, *The Jewish Way*. También obtuve más perspectivas del corazón de la vida judía y perspectiva leyendo el libro de Rebbetzin Esther Jungries, *The Committed Life*. Por último, los libros de Abraham Joshua Heschel contienen perlas de sabiduría y una profundidad que mina el corazón y el alma de lo que significa estar en asombro y reverencia a un Dios Santo.

Veremos muchos libros más ser escritos mientras progresa la fusión del judío y el cristiano más allá de un acuerdo mental, para ser un hombre nuevo como dice Efesios 2 y 3, entrando en la expresión práctica de esto en la manera que vivimos y expresamos nuestra fe juntos. Cuando el fundamento del conocimiento, rito y ceremonia judía combinado con el significado de los idiomas judíos encontrados en la Biblia se unen con la revelación de que todo se trata de Jesús, veremos una reforma de la iglesia que es más poderosa que la reforma de los 1,500s bajo Martín Lutero. No será legalista ni incómoda. Aún nos queda por ver la expresión de cómo se verá. Esta reforma venidera cambiará la faz del judaísmo y el cristianismo, y será lo que Pablo llama en **Ro. 11, "Vida de entre los muertos."**

La segunda pregunta que siempre escucho después de compartir es, "¿Cómo comenzamos a vivir en esto?" Mi respuesta es simple. Solo responda, "Sí" y dígale que quiere encontrarlo en las riquezas del patrón de Sus festividades. Irá en la dirección correcta con un espíritu como de niño y una resistencia a obtener conocimiento para la mente, antes que la revelación para el corazón. **Heb. 11:6** nos dice, **"Él...recompensa a los que lo buscan."**

Estoy organizando un cuaderno de ejercicios llamado, **Invitación a la Pascua: Guía práctica para celebrar** con algunas maneras prácticas para que comiences a celebrar el *Shabat* y las festividades que estarán disponibles pronto. Claro que nunca estará completo porque se trata de andar continuamente con Él, y habrá muchas riquezas para desenvolverse por la eternidad. Te daré algunos recursos prácticos que John y yo hemos creado para prepararte, y con el tiempo, el Espíritu Santo y tú añadirán sus propias expresiones únicas y serán tuyas. Esperamos formar una comunidad internacional que celebre las festividades bíblicas juntos y por eso hicimos una página web, *ruthsroad.org*, como un lugar para subir enseñanzas y perspectivas unos con otros para continuar aprendiendo y celebrando juntos.

La página web te mantendrá informado de material nuevo que publicaremos en el futuro tanto como *'podcasts'* de nuevo material de enseñanza. Esperamos que participes con nosotros...será una jornada rica y gratificante.

*"Me buscarán y me encontrarán, cuando me busquen de todo corazón.*

*Jer. 29:13*

## Mirando hacia adelante

Mi esposo John quería que incluyera el prefacio de mi siguiente libro; *Velando y Esperando: Descubriendo a Jesús en las Festividades de Otoño.* Cuando se lo leí, él me lo pidió emocionado queriendo que lo compartiera contigo para ayudarte a participar en la próxima parte de nuestra jornada juntos.

# *Prefacio*

En años recientes hubo un aumento de hambre por estudiar en la iglesia, acerca de eventos de los últimos tiempos. Como nuevas criaturas, John y yo teníamos un vago entendimiento del arrebatamiento en los últimos tiempos que fue enseñado en los 1970s, pero por la mayor parte, el tópico de la 2da venida de Jesús raramente se discutía. Sin embargo, mientras continuaba en la búsqueda de Jesús en las festividades bíblicas por décadas, aumentaba también mi curiosidad por la venida de Jesús a la tierra. Estoy convencida de que Él mantendrá el patrón preciso de las Festividades de Otoño también, después de años vislumbrando las Festividades de Primavera y ser convencida de que Jesús cumplió cada detalle del patrón de Levítico 23.

Si lees mi testimonio de cómo el Espíritu Santo me llevó a una búsqueda del tesoro a través de las Festividades de Primavera, para ayudarme a encontrar el corazón de Jesús, sabrás que mi enfoque yacía en conocerlo más íntimamente, que volverme una estudiosa teóloga. Igualmente, cuando comparto mis perspectivas acerca de Su 2da venida la cual es vista innegablemente en el lenguaje y patrón de las festividades de otoño. No estoy interesada en debatir las posiciones de los últimos tiempos acerca de la "pretribulación, mid-tribulación ni post-tribulación." No busco lo "exacto." Busco corazones ardiendo que quieran tener comunión buscándole a Él en los misterios de Su Palabra, y el lenguaje de Sus festividades que otorgan claves con valor para Su plan futuro de redención. No tengo conclusiones teológicas plasmadas en piedra. Tengo 40 años de "reflexiones" y preguntas que son continuas entre el Señor y yo, y muchos, "¡Wow! ¿Y que si esto…o aquello?" Tengo diarios con revelaciones a mi corazón que me han sustentado y fortalecido para ayudarme a seguir adelante, para continuar buscándole, y que me han ayudado a amarlo más. No he terminado con esta jornada, pero siento que Él me ha pedido un *quarah* (convocación, **Lv. 23:2 "proclama e invita a que mi pueblo venga"**), para que se unan conmigo en mi búsqueda por Jesús, el *Afikoman*, la Satisfacción. Quiero corazones como de niño que no buscan "obtener" conocimiento privado para comenzar un ministerio, que otros no tienen. Eso es una respuesta peligrosa y orgullosa ante la verdad sin la guía del Espíritu de Verdad. Al final, lo que importa no es lo que conoces sino a Quién conoces. El santo temor del Señor me permite sentir que ore, para que mis enseñanzas te lleven a una intimidad renovada con Jesús, más que el conocimiento de Él. Si este es tu objetivo mientras lees esto entonces confío que serás bendecido.

El Espíritu Santo está despertando nuestros corazones para buscar las Escrituras y para ver cómo se desenvolverán estos eventos, porque vivimos en una generación que verdaderamente podría estar viva durante Su venida a la tierra. Cuando me escuchan enseñar de las festividades bíblicas normalmente me piden que comience a discutir acerca de las Festividades de Otoño ya que son proféticas y aún están por cumplirse. Comprendo por qué quieren moverse a las festividades que son actualmente relevantes, pero para mí, es imposible compartir el final de la anécdota sin hablar de su principio. Es como los cristianos que se les enseñó que no es necesario leer el Antiguo Testamento, porque no es actualmente relevante; sin embargo, el Nuevo Testamento no tiene sentido por sí solo. ¡Es una continuación de todo lo que aconteció antes y es el final de la anécdota, sin el principio y el centro de la historia!

¡La Biblia es una épica anécdota de amor y el tema central es la redención de una Esposa mediante el Hijo del Padre y la restauración de un lugar para que ambos moren juntos, redimiendo la tierra de un lado a otro para ser mejor presentada ante el Padre, y pueda descender Su trono! Vemos el objetivo donde Su plan glorioso de redención se aproxima finalmente en *1 Co. 15:20-28,*

*"Pero ahora Cristo ha resucitado de entre los muertos, primicias de los que durmieron. Porque ya que la muerte entró por un hombre, también por un hombre vino la resurrección de los muertos. Porque, así como en*

*Adán todos mueren, también en Cristo todos serán vivificados. Pero cada uno en su debido orden: Cristo, las primicias; luego los que son de Cristo en Su venida. Entonces vendrá el fin, cuando Él entregue el reino al Dios y Padre, después que haya terminado con todo dominio y toda autoridad y poder. Pues Cristo debe reinar hasta que haya puesto a todos Sus enemigos debajo de Sus pies. Y el último enemigo que será eliminado es la muerte. Porque Dios ha puesto todo en sujeción bajo Sus pies. Pero cuando dice que todas las cosas están sujetas a Él, es evidente que se exceptúa a Aquel que ha sometido a Él todas las cosas. Y cuando todo haya sido sometido a Él, entonces también el Hijo mismo se sujetará a Aquel que sujetó a Él todas las cosas, para que Dios sea todo en todos.*

Su plan de redención se encuentra en las festividades de Levítico 23 y se conectan a Su romance divino que se desenvuelve desde Génesis al Apocalipsis. ¡Debemos mantenernos conectados a toda la anécdota porque es gloriosa de principio a fin! Las festividades no son temas "aislados" por sí mismos. Están conectadas y solo cobran sentido cuando se observan como escenas de un guión que se practica y se vive en la vida real. ¡Son "premoniciones" (Col. 2:16-17) en vez de tópicos que se discuten en una sala de seminarios, y sus sustancias tratan de Él y lo que yace en Su corazón para con el Padre y Su Esposa!

He buscado a Jesús en las festividades desde el primer encuentro que tuve con Él en la cena de Pascua en casa de mis suegros, 40 años atrás (lea el libro, *Encontrando el Afikoman: Encontrando a Jesús en las Festividades de Primavera*, capítulo 1). Por 32 de esos 40 años, conocí el entendimiento y lenguaje ceremonial judío de las festividades de otoño y las celebré de acuerdo a la tradición judía. Hasta tuve encuentros con Jesús al celebrarlas. Lo que me faltaban eran los lentes cristianos concerniendo los últimos tiempos. Nunca habíamos escuchado alguna enseñanza de la 2da venida de Jesús hasta que llegamos a Kansas City, Missouri en el 2008. Tuve un encuentro con el Espíritu Santo durante la enseñanza en video del libro de Apocalipsis. El maestro hablaba acerca de un Rey Jesús Conquistador liderando una procesión de una Esposa gloriosa desde el Monte Sinaí hasta Jerusalén, y de repente imágenes y liturgia de las festividades de otoño tomaron sentido. ¡Imágenes de cosas que había guardado en mi corazón concerniendo estas festividades comenzaron a cobrar vida! De repente, porciones de la Escritura en Ezequiel, Daniel, Isaías, Zacarías y Joel tuvieron nueva perspectiva para mí alineándose con el lenguaje de las festividades. Ocho años más tarde, me encuentro uniendo más y más cosas y aunque queda una imagen nublada aún, es mucho más clara de lo que era 8 años atrás. En el segundo libro, *Velando y Esperando: Descubriendo a Jesús en las Festividades de Otoño,* compartiré contigo mi jornada con Jesús a través de las festividades de otoño hasta ahora, sabiendo que lo que veo que poco comparado con el cumplimiento real y dramático en vivo de Su venida en el futuro.

Estudiar las festividades de otoño es como navegar aguas inexploradas. Es un patrón profético que aún no ha sido cumplido, por lo cual exhorto a que tengas un corazón en postura de encontrar Su corazón, más que enfocarte en descifrarlo todo. Las festividades de otoño es el guion de un libreto que ocurrirá en vida real con gente real y un Hombre/Dios Quien viene a cumplir el "gran final" de todo lo que yace en Su corazón desde el principio de los tiempos. Esto NO es teología muerta para comprometer tu intelecto, aunque tu intelecto sea satisfecho. Es una oportunidad de tener comunión con el Espíritu Santo, y preguntarle, "¿Dónde te encuentras en esto? ¿Dónde yace Tu corazón? ¿Qué sientes? ¿Qué debería estar haciendo Tu pueblo, Tu Esposa en estos momentos?" Aunque enseño acerca de las festividades judías, no tengo un mensaje solamente. He vivido este mensaje por 37 años. Abraham Joshua Heschel, un teólogo judío dijo esto en su libro, _I Asked for Wonder_ (Pedí por sorpresas):

**"Todo depende la persona parada frente al salón de clase. El maestro no es una fuente automática de la cual pueden obtenerse bebidas intelectuales. Él es un testigo o un extraño. Él debió haber estado ahí por sí mismo para guiar a un pupilo a la Tierra**

Prometida. Cuando se pregunta a sí mismo, '¿Represento lo que enseño? ¿Creo en lo que digo?, él debe ser capaz de responder afirmativamente." (pág. 87-88)

Por tanto, me presento aquí como testigo. Por 40 años, He vislumbrado el patrón de Levítico 23 y le pedí al Señor que me enseñe y muestre Su corazón. Sé que te parecerá extranjero y poco familiar; lo entiendo. Es exactamente por lo cual me tomó 40 años para raspar la superficie y entrar al interior de lo que llamo la "caja judía." La única manera de "obtenerla" es responder a la invitación del corazón del Padre; mas eso es lo que toma comprender cualquiera de las Palabras de Dios, y vivir esta jornada de fe. Con esto en mente, comencemos y abramos esta antigua puerta misteriosa con el Espíritu Santo como nuestro guía y comencemos nuestra jornada hacia la revelación y Su maravilloso plan de los últimos tiempos regresando por Su Esposa.

*"Rebosa en mi corazón un tema bueno; al Rey dirijo mis versos; mi lengua es como pluma de escribiente muy ligero." Sal. 45:1*

# Conéctate con nosotros

Hay dos cosas que me impulsan a continuar practicando las festividades bíblicas cada año. La primera, es sentir Su deleite, Su presencia y los encuentros que experimento mientras revela a Jesús en mi corazón. La segunda, es mi anhelo es preparar un lugar para que una comunidad de creyentes experimente la verdadera comunión, así como vivimos la vida, habitando juntos en Su calendario. Mi esperanza siempre fue al ser la anfitriona en las festividades les inspiraría a querer comenzar la jornada por sí mismos y que podríamos tener una multitud de creyentes durante la Festividades de Tabernáculos, con un *succah* en su patrio trasero; cada uno con su propia expresión creativa, en su propio estilo. ¿Te imaginas a una comunidad internacional con emociones como de niño, reuniendo amigos y familiares a estas celebraciones semanales y anuales, poder presentar revelaciones, fotos de lo que hacen y descubren mientras ensayan esto? Puedo imaginar al Padre volteando a mirar a Su Hijo, mientras observan desde el cielo hacia la Festividad de Tabernáculos...viendo pequeños *succahs* por toda la tierra no solo con Jesús sino con judíos y gentiles, escuchándole decir, *"¡Cuán hermosas son tus tiendas, oh Jacob; tus moradas, oh Israel!" (Núm. 24:5)*. Mi esposo y yo confiamos que Él anhela tener un lugar para compartir ideas, revelaciones, recetas, e imágenes con otros creyentes de toda la tierra mientras nos acompañan en esta jornada juntos.

Si esto es algo que te interesa por favor conéctate con nosotros en una de estas maneras siguientes:

- **info@ruthsroad.org** – por favor, envíe preguntas, comentarios o peticiones aquí.

- **facebook.com – ruthsroad** – inicialmente usaremos esta página para informarte de todo en *Ruth's Road* (Senda de Rut).

- **ruthsroad.org** – en el 2022 activaremos nuestra página web para presentar otros medios para conectarnos.

Mediante estos tres medios, anunciaremos eventos futuros, compartiremos "blogs," fotos, videos y mucho más en el futuro. Gracias por tu paciencia mientras construimos enlaces comunitarios; las palabras no pueden describir cuan emocionados estamos por conectarnos contigo.

# Bibliografía

Irving Greenberg, The Jewish Way: Living the Holidays, New York, Summit Books, 1988

Rabbi Abraham J. Twerski, From Bondage to Freedom, New York, Sharr Press, 1995

Rebbetzin Esther Jungreis, The Committed Life: Principles of Good Living From Our Timeless Past, New York, HarperCollins Publisher, 1998

Andrew Jukes, The Names of God in Holy Scripture, Grand Rapids, Michigan, Kregel Publications, 1967

Gary Weins, Bridal Intercession, Authority in Prayer through Bridal Intercession, Greenwood, Missouri, Oasis House, 2001

Bob Sorge, Power of the Blood: Approaching God with Confidence,Greenwood, Missouri, Oasis House, 2008

Abraham Joshua Heschel, I Asked For Wonder, New York, The Crossroad Publishing Company, 1983

**Nota**: La cita en el Capítulo 2, pág. 10 fue tomada de una fuente judía llamada el *Midrash Vayosha.* De acuerdo con Wikipedia (Wikipedia.org/wiki/*Midrash Vayosha*), El *Midrash Vayosha* es un *midrashim* más pequeño del siglo 11 C.E. que se basa en Éx. 14:30-15:18. Es una exposición del más grande Haggadah y con la aparente intensión de ser "*Shabbat Shirah*" o el 7mo día de Pascua.

Fue publicado primeramente en Constantinopla en 1519 y fue impresa otra vez por:

A. Jellinek, Bet.Ha. Midrash i. 35-37, Jerusalem, 1967, 3rd edition.

# Apéndice A:

## <u>Romance Divino</u>

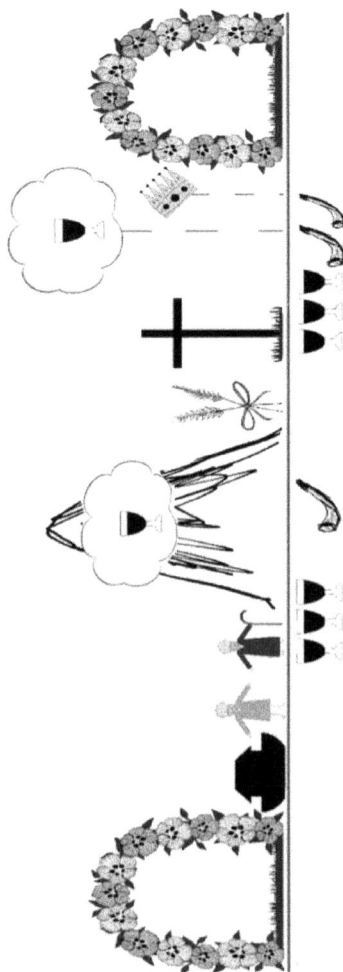

Llevé esta imagen en mi corazón por años. Un día conduje hacia Hobby Lobby, compré una mesa de poliestireno extruido, algunas calcomanías y creé lo que llamo, "Mi gráfica de Jardín de Niños." Quería una simple imagen que hasta un niño de 5 años pudiera comprender. Después de "profundizar" por 40 años en festividades bíblicas, este es mi producto final. John lo llama mi tesis de PHD…

1. El Jardín: Cielo en la tierra: Dios habitando con el hombre; caminando juntos en una relación íntima.

2. El Arca de Noé: Un hombre justo que fue protegido del diluvio en el arca de la liberación, mientras la ira era derramada sobre los perversos (el arca encalló en el Monte Ararat el 17 de *Aviv*; Primicias, el mismo día en que los hijos de Israel salieron del Mar Rojo; el mismo día en que Jesús fue levantado de los muertos)

3. Abraham: Dios encontró a un hombre que fue Su amigo; hizo un pacto con él, y le prometió que, mediante su simiente, todas las naciones serían bendecidas (se vuelve una familia y van a Egipto como un grupo de 70 personas; 430 años después; se marchan como una nación)

4. Moisés: Él liberta a los hijos de Israel de Egipto (Éxodo 12) de acuerdo con el patrón encontrado en Éxodo 6:6, 7; las 4 Copas de Redención:

- **Copa #1** – ellos claman y Él desciende.
- **Copa #2** – la sangre de un cordero los cubre y los "liberta."
- **Copa #3** – Redimidos: (comprados de vuelta) del Faraón a través del Mar Rojo (bautismo); libres para convertirse en la posesión de Dios.
- **Copa #4** – Consumación: Moisés los lleva al Monte Sinaí 50 años después; compromiso (Éx. 19); nupcias en el Monte Sinaí; Moisés sube; Dios desciende en la nube.

  o **1ra Trompeta:** convocar a la esposa al monte.

5. Tallo de trigo: llamado de la Esposa gentil; Rut entre la cosecha de trigo y cebada; presagio de una esposa gentil siendo injertada contrayendo matrimonio con un redentor judío.

6. Jesús: viene a la tierra y cumple cada patrón de redención como hizo Moisés; se convierte en el Cordero de la Pascua.

   - 3ra Copa de Compromiso: en la Pascua antes de ir a la cruz.
   - Paga el "precio de la esposa": con Su sangre.
   - Deja atrás un "regalo" para Su esposa: *Shavuot*; el Espíritu Santo (Hch. 2)
   - Resucitado: se marcha a preparar un lugar para llevarlos para consumar el matrimonio.

7. Jesús regresando en las nubes: lo encontraremos en el aire; nubes como el *chuppa* (dosel nupcial)

  - **Ultima Trompeta**: convoca a la esposa.

8. Rey Conquistador: Jesús desciende con una procesión nupcial; viene a Jerusalén para reinar en la tierra con Su Esposa.

  - **Gran Trompeta**: anuncia la procesión nupcial y el juicio.

9. El Jardín restaurado en la tierra: El trono de Dios desciende a la tierra; intimidad restaurada; **¡*SHABAT* POR SIEMPRE!**

# Apéndice B: Patrón de las Festividades de Primavera

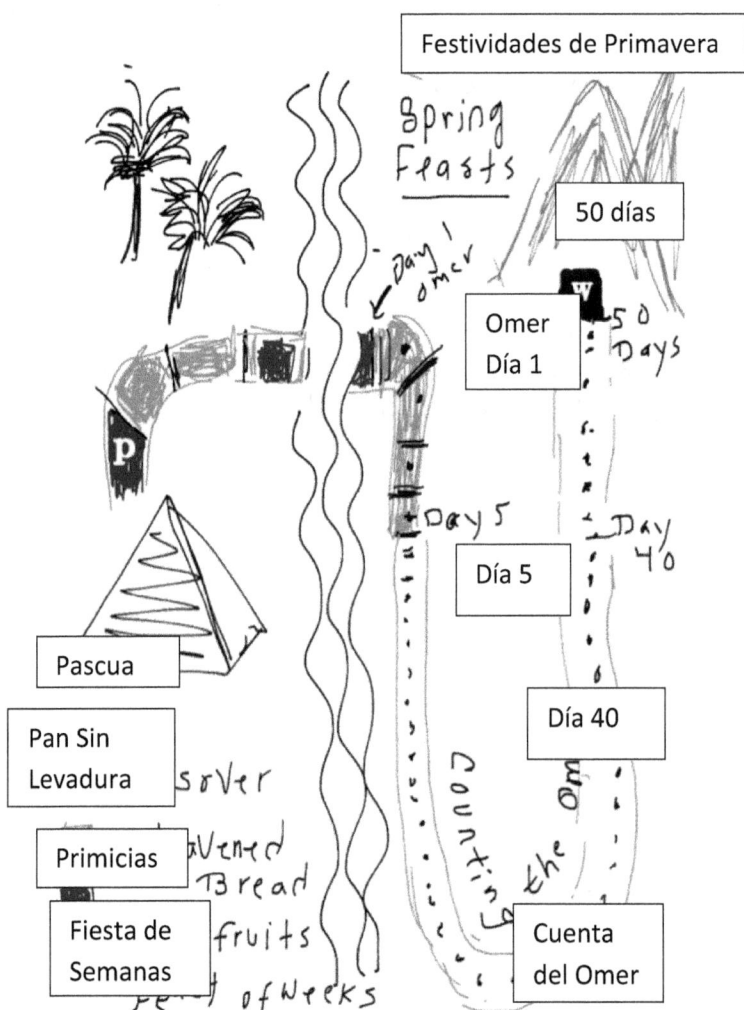

Festividades de Primavera

Spring Feasts

50 días

Omer Día 1

50 Days

Day 1 omer

Day 5

Día 5

Day 40

Pascua

Pan Sin Levadura

sover

Día 40

Primicias

aVened Bread

Fiesta de Semanas

fruits

peat of Weeks

Counting the Omer

Cuenta del Omer

Esta gráfica muestra la jornada de los hijos de Israel desde Egipto al Monte Sinaí practicando el patrón de las festividades.

Pascua

- Los hijos de Israel sacrifican un cordero por su hogar y ponen su sangre en sus dinteles. Comen el cordero y se preparan para abandonar a Egipto.

Pan sin Levadura

- Preparan provisiones de pan sin levadura porque no hay tiempo para que crezca. Saquean a Egipto, se marchan un poco tiempo después de la media noche, sin que ninguno esté enfermo.

Primicias

- Más tarde conocida como la cosecha de cebada, es el día en que los hijos de Israel cruzaron el Mar Rojo toda la noche y llegaron a la otra orilla en la mañana del mismo día. (día bíblico comienza en la puesta del sol).

Cuenta del *Omer*

- Tomó 50 días llegar al Monte Sinaí. Durante este tiempo, Dios les mostró Su abundante provisión para con ellos.

*Omer*: una medida que más tarde mencionan en Levítico 23 para contar y obtener una expectativa de la próxima Festividad de *Shavuot*. Estos son los 50 días desde que abandonaron a Egipto hasta que llegaron al Monte Sinaí.

*Shavuot* / Pentecostés

- Los hijos de Israel llegan al Monte Sinaí para entrar en un pacto nupcial con Dios. Dios desciende en las nubes y Moisés sube a encontrarse con Él.

# Apéndice C:

## Festividades de Otoño

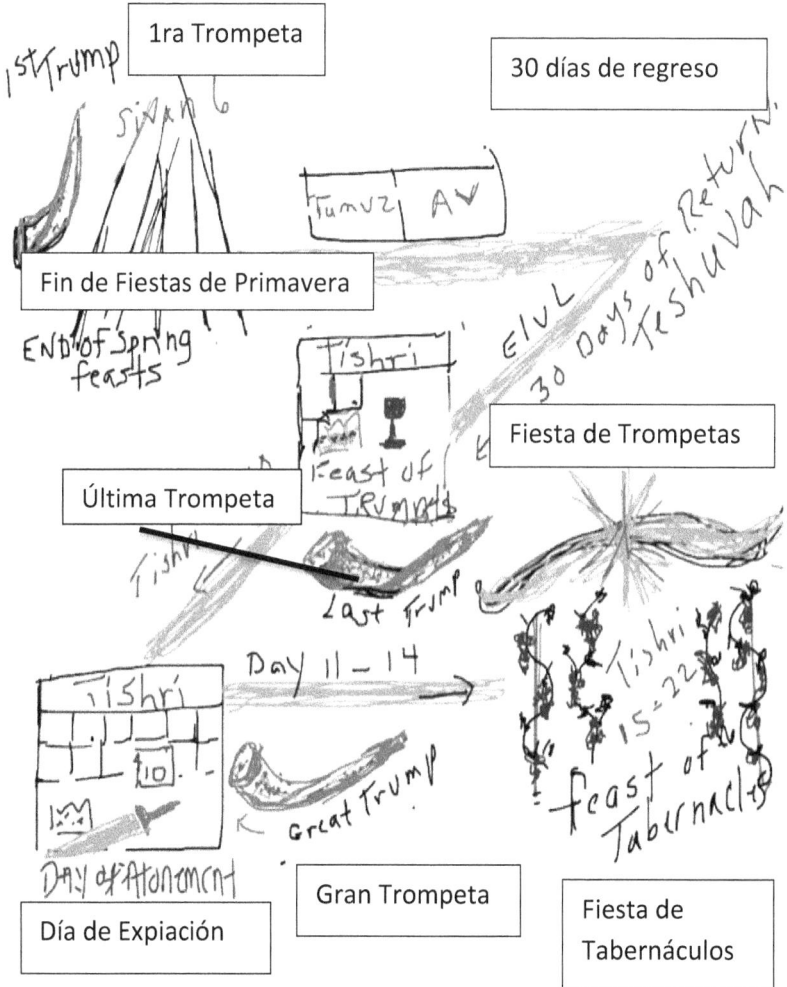

La gráfica comienza en la última festividad de primavera del *Shavuot*, donde los hijos de Israel entraron en un pacto con

Dios en el Monte Sinaí. Hay dos meses entre medio y luego el mes de *Elul*. Después de los 30 días de *Elul*, las Festividades de Otoño comienzan con la Fiesta de las Trompetas y concluye con la Fiesta de los Tabernáculos. *Elul* es un tiempo muy claro cada año para preparar nuestros corazones en anticipación de Su regreso en la comenzando en la primera Festividad de Otoño.

1. Fiesta de las Trompetas
   - Esta es la primera cita de otoño y comienza en *Tishri* 1.
   - Hay idiomas nuevos judíos y frases que se asocian tradicionalmente con esta festividad.
     o Día del soplo de la última trompeta
     o Resurrección de los muertos
     o Día del Juicio
     o Día de la Coronación de un Rey
     o Día de Bodas del Mesías
     o Día del comienzo de la Angustia de Jacob
     o Ninguno conoce el día ni la hora
     o Puertas abiertas / Compuertas abiertas

**Nota:** Después de *Tishri* 1, notarás 10 días más de *Teshuvah*. Este es un tiempo extendido de misericordia para que personas regresen a Dios. El tiempo de 40 días de *Teshuvah* conmemora los últimos 40 días cuando Moisés subió al Monte Sinaí para pedir misericordia a Dios por el pecado del pueblo al forjar el becerro de oro.

2. *Yom Kippur* o Día de Expiación es en *Tishri* 10.

- El día más solemne del año, un día de ayuno cuando el sumo sacerdote entra al lugar santísimo para hacer expiación por la nación y sale declarando misericordia.

- Compuertas están 'cerradas'; última oportunidad para ser inscritos en el Libro de la Vida.

- El Rey Conquistador regresa a la tierra con su Esposa.

3. Fiesta de los Tabernáculos es en *Tishri* 15-22

- Esta es la última festividad de otoño

- Dura 7 días, pero es tan deleitable que Dios añadió un día extra llamado el 8vo día (no en la gráfica sino en Lv. 23:36).

- Es la festividad más alegre del año en la que construían habitaciones temporeras llamadas 'casetas' y habitaban allí en ellas por 7 días.

- ¿Fiesta Nupcial?

- ¿Reino Milenario?

- Todas las naciones celebran (Zac. 14:16)

# Apéndice D:

## <u>Dos Calendarios / Dos teatros</u>

Dibujé esta gráfica que muestra los dos teatros que llevan a cabo todo el tiempo. Está el teatro del cielo donde el Padre y Jesús gobiernan su Reino y hacen preparaciones para la redención futura de todo el pueblo y el planeta que crearon. Luego, está el teatro en la tierra, donde el hombre ha vivido en el tiempo desde que fue creado y el mundo fue iniciado. Es importante estar consciente de que estos dos teatros siempre están vivos y funcionando. El del cielo se enfoca en los eventos de redención que comienzan en el mes de *Aviv* o *Nissan*, cuando Dios sacó a Su Esposa fuera de Egipto. El de la tierra se mantiene en "negocios como siempre," viviendo en el tiempo desde el libro de Génesis y cuando el mundo fue creado en *Tishri* 1.

1.  Calendario Celestial: Nissan / Aviv
    - Después de Éxodo 12:1 Nissan se convierte en el primer mes del año, el cual es el comienzo del cortejo de Dios con Israel.
    - El reloj comienza a marcar hacia el cumplimiento de todas las citas de Levítico 23.
2.  Calendario Terrenal: *Tishri*
    - Cumpleaños de cuando el mundo fue creado
    - Cuando los reinos de este mundo planifican sus agendas

# Apéndice E:

## Calendario Hebreo y Gregoriano

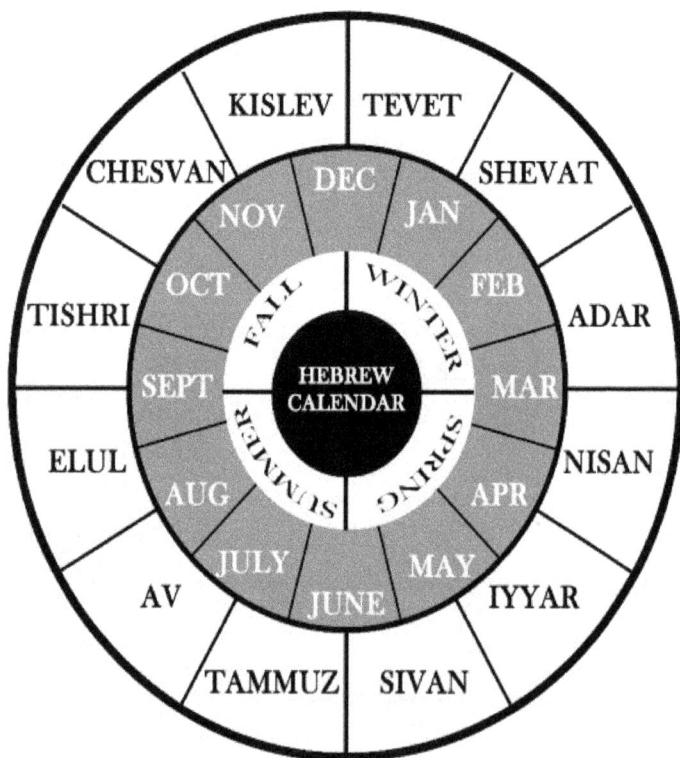

Esta gráfica te presenta una visualización de cómo los dos calendarios se alinean uno con el otro.

# Apéndice F:

Esta gráfica muestra cómo los hijos de Israel practicaron el patrón en el libro de Éxodo, uniéndolo a cómo Jesús lo cumplió 1,500 años después.

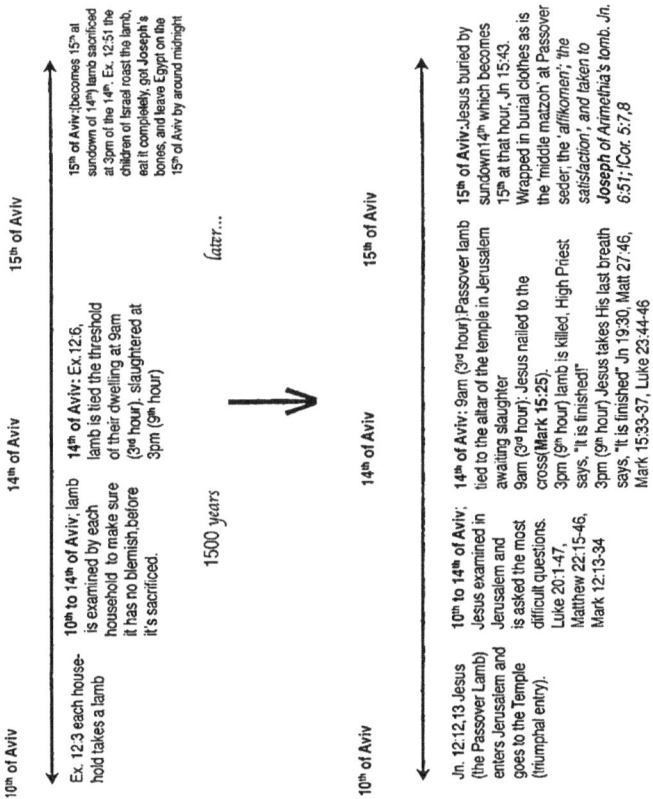

**10th of Aviv**

Ex. 12:3 each household takes a lamb

**14th of Aviv**

10th to 14th of Aviv: lamb is examined by each household to make sure it has no blemish, before it's sacrificed.

**14th of Aviv:** Ex.12:6, lamb is tied the threshold of their dwelling at 9am (3rd hour), slaughtered at 3pm (9th hour)

**15th of Aviv**

15th of Aviv:(becomes 15th at sundown of 14th) lamb sacrificed at 3pm of the 14th. Ex. 12:51 the children of Israel roast the lamb, eat it completely, got Joseph's bones, and leave Egypt on the 15th of Aviv by around midnight

*1500 years*

*later...*

**10th of Aviv**

Jn. 12:12,13 Jesus (the Passover Lamb) enters Jerusalem and goes to the Temple (triumphal entry).

**14th of Aviv**

10th to 14th of Aviv: Jesus examined in Jerusalem and is asked the most difficult questions. Luke 20:1-47, Matthew 22:15-46, Mark 12:13-34

**14th of Aviv:** 9am (3rd hour) Passover lamb tied to the altar of the temple in Jerusalem awaiting slaughter 9am (3rd hour): Jesus nailed to the cross(Mark 15:25). 3pm (9th hour) lamb is killed, High Priest says, "It is finished!" 3pm (9th hour) Jesus takes His last breath says, "It is finished" Jn 19:30, Matt 27:46, Mark 15:33-37, Luke 23:44-46

**15th of Aviv**

15th of Aviv:Jesus buried by sundown14th which becomes 15th at that hour, Jn 15:43. Wrapped in burial clothes as is the "middle matzoh" at Passover seder; the 'afikomen'; 'the satisfaction', and taken to *Joseph of Arimethia's tomb. Jn. 6:51; 1Cor. 5:7,8*

**17th of Aviv**...............................................**49 days later (Shavuot/Pentecost)**

(3 days later)
Ex. 14:2, children of Israel camp by the Red Sea;which "opened" for them to cross.......Ex.14:24, "in the morning watch" (still 17th of Aviv) they come up on the "other side" and look back and see pharaoh and his army drowned in the Red Sea...... this is the *Festival of First Fruits.*

3rd month Ex. 19:1 Children of Israel go 47 day journey from 17th of Aviv and arrive at Mt. Sinai to receive 10 commandments and "become God's holy nation: kingdom of priests; His bride.  Festival of Shavuot: Lev. 23

1500 *years later*

→

**17th of Aviv**...............................................**49 days later (Shavuot/Pentecost)**

Mark 6:2,Sunday(began Saturday at sundown) the tomb is empty John 20:17 Jesus ascends to Father as *First Fruits Offering.* Gathers 'sheaves' of others whose graves were opened that day and were resurrected from the dead as "first fruits"; and offering to the  Father.

Shavuot/Pentecost  Luke 24:44-49:  Jesus said to tarry in Jerusalem to wait for "the promise of the Father". Acts 2:1: "When Pentecost (Shavuot) had fully come......." 3rd ("4th") spring feast fulfilled

# Apéndice G:
# El *Goel*

Los miembros de la familia en este amplio sentido tenían la obligación de ayudar y protegerse uno al otro. Hubo una institución en Israel que definía las ocasiones en que esta obligación era llamada a la acción; es la institución del *goel*, de una raíz lo cual significa 'comprar de vuelta o redimir'; 'reclamar para,' pero fundamentalmente su significado es 'proteger.' La institución tiene analogías entre otros (por ejemplo, los árabes). Mas en Israel, tomo una forma especial con su propia terminología.

El *goel* fue un redentor, protector, redentor de los intereses de un individuo o grupo. Si un israelita tenía que venderse a sí mismo como esclavo para pagar una deuda, sería 'redimido' por una de sus relaciones cercanas (Lv. 25:47-49). Si un israelita tenía que vender su patrimonio, el *goel* tenía prioridad sobre todos los demás compradores; era su derecho y deber comprarlo por sí mismo, para prevenir que la propiedad de la familia fuera alienada. Esta ley es codificada en Lv. 25:25, y era en su capacidad como *goel* que Jeremías compró la tierra de su primo Hanameel (Jer. 32:6).

La anécdota de Rut es otra ilustración de esta costumbre, pero aquí la compra de la tierra es representada un poco más complicado por un caso de levirato. Noemí tenía propiedades, lo cual significa que, por causa de su pobreza, fue forzada a vender; y su nuera era una viuda, sin hijos. Booz fue un *goel* para Noemí y Rut (Rut 2:20), pero había un familiar más cercano quien podría ejercer este derecho antes que él (Rut 3:12; 4:4). Este primer *goel* hubiera comprado la tierra, pero no hubiera aceptado la doble obligación de comprar la tierra y contraer matrimonio con Rut, porque el hijo de su unión tendría el nombre del esposo fallecido y heredaría la tierra (Rut 4:4-6). Por tanto, Booz compró la propiedad de la familia y contrajo matrimonio con Rut (Rut 4:9-10).

Esta historia muestra que el derecho del *goel* seguía un cierto orden o linaje, una orden que se especifica en Lv. 25:49; primero el tío paterno, luego su hijo, luego otros familiares. Más allá, el *goel* podía renunciar a su derecho o declinar su derecho sin culpa alguna. Cuando se quitaba un zapato (Rut 4:7-8), un hombre proclamaba que estaba renunciando a su derecho; Dt. 25:9 describe un acto similar en la ley del levirato, pero el procedimiento tenía el propósito de llevar a un cuñado a la desgracia. Si se compara con la historia de Rut parece indicar que la obligación del levirato fue principalmente emprendida por el clan, como la redención del patrimonio, pero más tarde fue restringida del cuñado.

Una de las obligaciones más grabes del *goel* era la venganza de sangre, pero ya hemos examinado esta conexión con la organización de la tribu porque está arraigada de acuerdo a la costumbre en el desierto.

El término *goel* pasó a un uso religioso. Por tanto, YHWH, vengado de los oprimidos y salvador de Su pueblo es llamado *Goel* en Job 19:25; Sal. 9:15; 78:35; Jer. 50:34, etc. Y frecuentemente en la segunda parte de Isaías 41:14; 43:14; 44:6, 24; 49:7; 59:20, etc.)

Ancient Israel Vol. 1 by Roland de Vaux

Social Institutions pages 21-22

# Apéndice H:

## *Shavuot* Lo que ocurrió en el Monte Sinaí de acuerdo a la tradición judía

Escrituras de Rabinos judíos y educadores son mayormente una mina de oro para hallar paralelos entre el Antiguo y Nuevo Testamento. Las siguientes citas son tomadas de 3 diferentes fuentes. Mantenga en su mente que mucho de la historia y eventos judíos fueron enseñados oralmente, de generación en generación. Es maravilloso cuan cercanos estos recuentos se alinean con **Hechos 2 "Cuando el Día de Pentecostés** (*Shavuot*) **halla llegado en su plenitud…" (Hechos 2:1).**

*Rabí* Joseph Hertz dice, "Revelación en el Sinaí, fue enseñada, fue otorgada en el territorio del desierto, lo cual pertenece exclusivamente a ninguna nación; y no fue escuchada por Israel solamente, sino por los habitantes de la tierra. La *Voz Divina* dividida a Sí misma en 70 lenguas y luego declarada en la tierra, para que todos los hijos del hombre comprendan el mensaje que arropa y redime al mundo…Cuando Dios entregó la *Torá* en el Sinaí, mostró a Israel, maravillas nunca antes dichas, con Su voz. ¿Qué ocurrió? Dios habló y la *Voz* vibró por todo el mundo…Dice, "'Y todo el pueblo fue testigo de los truenos.'" (1)

Otro educador, R. Johnson, dijo, "La voz de Dios, al ser pronunciada, se dividió en 70 voces, en 70 lenguas, para que todas las naciones pudieran comprenderlas. Cuando cada nación escuchó la *Voz* en su propia vernácula, sus almas partieron (tuvieron temor), menos Israel, quien escuchó, mas no fue herido." (2) Ejemplo: *Rabbah* 5.9

*Rabí* Moshe Weissman comenta en este evento importante, y dice, "En la ocasión de la *Matan Torah* (entrega de la Torá), los *Bnai Yisrael* (hijos de Israel) no solo escucharon la *Voz* (del Señor) *HaShem*, sino que vieron las ondas de sonido cuando salían de la boca de *HaShem*. Las visualizaban como una sustancia ardiente. Cada mandamiento que salía de la boca de *HaShem* viajaba por el campamento y regresaba a cada hebreo individualmente, preguntándole, "¿Aceptas sobre ti este mandamiento con todo el *hallacot* (ley judía) que le atañe?" Cada hebreo respondió, "Sí" después de cada mandamiento. Finamente, la sustancia ardiente que vieron, se grabó en sí misma en el *luchot* (tablas)." (3)

1) Dr. Joseph Hertz, <u>The Authorized Prayer Book</u>, New York, Block Publishing, P, 791

2) Midrash, Exodus, Rabbah 5: 9

3) Rabbi Moshe Weissman, <u>The Midrash Says on Shemot:</u>, Benei Yakov pub. (1980) p. 182

# Próximo Material

Invitación a la Pascua

Una guía para presentar un Seder de Pascua, la primera de nuestras guías prácticas para los que anhelan comenzar una jornada personal en las festividades. John y Christie compartirán las maneras en las que han celebrado las Festividades con familiares y amigos por años. Queremos darte todo lo que necesitas para ser el anfitrión y experimentar las Festividades del Señor en maneras prácticas, alcanzables y que otorguen vida. Estas guías son la catapulta que te llevará a encontrar tu manera expresiva personal de las riquezas que se encuentran en las Festividades.

*Velando y Esperando: Descubriendo a Jesús en las Festividades de Otoño*

Este es un libro hermano de *Encontrando el Afikoman: encontrando a Jesús en las Festividades de Primavera*. Así como Christie te llevó a través de sus encuentros con Jesús en las festividades de primavera, la primera venida de Jesús; de la misma manera, ella compartirá su jornada de 40 años con las festividades de otoño/ segunda venida de Jesús.

www.ingramcontent.com/pod-product-compliance
Lightning Source LLC
Chambersburg PA
CBHW060247100426
42742CB00011B/1670